I0901372

Las costumbres establecidas por Dios

Las costumbres establecidas por Dios

Una guía judía mesiánica para el ciclo vital y el estilo de vida bíblicos

Barney Kasdan

Libros Lederer
una división de
Messianic Jewish Publishers
Clarksville, Maryland

Título de este libro en inglés: God's Appointed Customs
Versión en español: Melissa Rojas-Quintanilla

Las palabras hebreas han sido transliteradas al español. El lector podrá notar diferencias entre las transliteraciones cuando el autor cita otro material. Esto es porque los sistemas de transliteración varían.

Ilustraciones en paginas 79 y 143 por Bryan Zaremsky
Ilustraciones en paginas 30, 41, 46, 57, 92, 126, y 129 por Borderbund Software, Inc. Derechos reservados.
Todas otras ilustraciones por Messianic Jewish Publishers.

Impreso en los Estados Unidos de América

10 09 08 07 4 3 2 1
ISBN-10 1-880226-39-1
ISBN-13 978-1-880226-39-1

Numero de control de la liberia del Congreso: 96230401

Libros Lederer
una división de
MESSIANIC JEWISH PUBLISHERS
6120 Day Long Lane
Clarksville, Maryland 21029
(410) 531-6644

Distribuido por
Messianic Jewish Resources International
Línea para órdenes: (800) 410-7367
E-mail: lederer@messianicjewish.net
www.messianicjewish.net

CONTENIDOS

RECONOCIMIENTOS

Doy gracias a varias personas quienes fueron parte del proceso de este libro. Los miembros de la Congregación Mesiánica *Kehilat Ariel* de San Diego ayudaron a formular algunas de las ideas presentadas en este libro. Adicionalmente, Bryan Zaremsky proveyó gráficos que ayudan a visualizar muchas de las costumbres judías.

Deseo dar honor especial a mis padres, Shelley y Norma Kasdan, quienes siempre han proveído ánimos y apoyo. Desde 1971, hemos sido unidos en la fe de Yeshúa ("Jesús") el Mesías, por cual doy gracias eternales. Mi esposa, Liz Kasdan, merece reconocimiento especial como mi *eshet jáil* "esposa de valor" (Proverbios 31:10), y mi pareja cariñosa. Nuestros cuatro hijos lindos (David, Aarón, Zhava y Dvora) han sido una bendición mientras hemos desarrollado nuestro estilo de vida judío mesiánico. Finalmente, acción de gracias y alabanza van al Dios de Israel y mi redentor, *Yeshúa HaMashíaj*, por su don inefable (2 Corintios 9:15).

INTRODUCCIÓN

La importancia de las costumbres

¡Tradición!

Mientras la canción y la idea fueron popularizadas por Teyve en *El Violinista En el Tejado*, la tradición es algo que ha estado con el pueblo judío por muchos milenios. Las Escrituras Hebreas han sido largamente la base de la vida y la práctica judía. Pero, aun en la inmensidad de la Biblia, muchos de los detalles necesitan explicación. ¡Bienvenido al mundo de la tradición!

Toda cultura tiene sus propias tradiciones. Sea en Israel, África, China o en la iglesia occidental, rápidamente se descubre que la tradición es una base importante sobre la cual operar la vida. Hasta los que se declaran "no-tradicionales" han, en realidad, establecido su propia nueva tradición. Entonces, la cuestión no es si los creyentes en Yeshúa tienen tradiciones o no, pero cual debería ser el enfoque hacia estas tradiciones.

Este libro se trata de ciertas tradiciones y costumbres que vienen directamente de la Biblia. Se pudiera notar que normalmente éstas son identificadas como costumbres "judías", pero el hecho es que son costumbres "bíblicas". Esto significa que estas tradiciones no solamente son enriquecedoras para judíos, pero significa que cualquier creyente en la Biblia puede ser bendecido por una comprensión de la cultura bíblica. De todas formas, todo cristiano sabe que el Mesías vivió como judío dentro de la tierra de Israel. Él tenía un nombre hebreo, Yeshúa ("Salvación"), y todos sus primeros discípulos eran judíos.

Es infortunado que muchos creyentes gentiles en Yeshúa hayan tenido poca exposición a las raíces judías de su propia fe. El pueblo judío también debe tomar una nueva mirada hacia las costumbres bíblicas/judías para entender sus significados verdaderos. Muchos en la comunidad judía moderna *están* siendo desafiados a ver la conexión entre la cultura judía y el Nuevo Testamento. Hoy, centenares de miles de judíos creen que Yeshúa es el Mesías y salvador de la humanidad. El pueblo judío está redescubriendo que Yeshúa es judío y que el Nuevo Testamento es un libro judío. Como es resumido por Dr. David Fussler de la Universidad hebrea de Jerusalén:

> Uno debe de ver a Jesús contra su fondo judío, el mundo de los Sabios, para reconocer y apreciar su gran influencia sobre los que le rodeaban. Solamente de esta manera lograremos comprender como el cristianismo fue formado. Jesús fue una parte integrante del mundo de los Sabios judíos. Él no fue un campesino ignorante, y su conocimiento de la Ley Escrita y Oral fue enorme (Fuentes judías en el cristianismo temprano [Ingles], p. 18).

¿Qué mejor manera hay para entender el Mesías que estudiando el contexto del Nuevo Testamento? Con frecuencia, las costumbres bíblicas son la llave perdida que abrirá las profundidades de las Escrituras.

El peligro de las costumbres

¿Por qué muchos son tan ignorantes de las costumbres de la Biblia? Sin duda, muchos temen que un énfasis en la *tradición* podría alejar algunos de la enseñanza pura de la Palabra de Dios. Es verdad que un espíritu de *legalismo* ha afligido mucho a la iglesia y a la sinagoga. Isaías el profeta reprendía a su pueblo por haber hecho de las costumbres de Israel una expresión vacía (Isaías 1). Rabino *Moshé ben Maimón* (Maimónides), el gran rabino de la Edad Media, similarmente escribió:

> El hombre debe tratar de comprender por qué se le es pedido observar los preceptos y las costumbres; pero aun cuando él

> falle a entender sus razones no debe apresuradamente pronunciarlas como triviales (Birnbaum, *Mishná Torá*, Me'ilá 8:8).

Tales ideales reflejan las palabras de Yeshúa. Él denunció la hipocresía y el vacío de los que tenían una vista retorcida de las tradiciones antiguas (Mateo 23:13-32).

Este libro no es sobre el legalismo. La salvación no depende en la obediencia a la Ley o a las costumbres, pero está basada en la fe del sacrificio expiatorio y la resurrección de Yeshúa. Por lo tanto, los creyentes necesitan practicar la libertad de escoger y de contenerse a juzgar (Romanos 14:13-15). Los creyentes en Yeshúa podrán tener convicciones variantes en el área de estilos de vida. Sin embargo, este libro enseñará que por la práctica de las costumbres establecidas por Dios, el creyente en Yeshúa recibirá una multitud de bendiciones espirituales.

Este libro es sobre la ganancia de una comprensión de las costumbres bíblicas. Históricamente, la iglesia ha tenido una comprensión deficiente de sus propias raíces por temor al legalismo. Aún más irónico es que el mundo cristiano frecuentemente ha rechazado las costumbres bíblicas/judías y las ha substituido por otras no-bíblicas. El peligro del legalismo siempre está presente, pero bendiciones increíbles se pueden encontrar por medio del estudio bíblico de estas costumbres establecidas por Dios.

El equilibrio de las costumbres

El fin de este libro busca presentar un enfoque equilibrado para entender la importancia y el peligro de la tradición. Adicionalmente, hay un buen espíritu y hay un mal espíritu en el cual uno puede acercarse a las costumbres. Estos asuntos ciertamente enfrentaron a los primeros creyentes judíos y gentiles en Yeshúa.

Por el lado judío, la aceptación de Yeshúa no significaba la *conversión* a una nueva religión. En realidad, los creyentes judíos se veían como habiendo recibido el cumplimiento de lo hablado por las Escrituras Hebreas. Ellos comprendían que esto significaba que ahora eran judíos mesiánicos quienes continuarían en su herencia divina. Este hecho es confirmado por la descripción de esta comunidad judía mesiánica en el libro de los Hechos: "Ya vez, hermano [Saulo], cuántos miles de judíos que han creído, y todos ellos siguen aferrados a la [Torá]" (Hechos 21:20).

Estos primeros creyentes judíos en Yeshúa continuaron con el único estilo de vida que conocían: la vida judía basada sobre las Escrituras y las costumbres consistentes con la Biblia. Su nuevo reconocimiento de Yeshúa de *Natzeret* ("Nazaret") como el Mesías, los hizo aún más apasionados por sus tradiciones, ya que comprendían las razones espirituales detrás de ellas. Los judíos mesiánicos modernos con frecuencia creen de la misma manera y comparten el mismo entusiasmo.

El creyente gentil en Yeshúa no fue excluido. Saulo les escribió a muchos de ellos con respecto a sus nuevas vidas en Mesías: "Así que, hermanos, sigan firmes y manténganse fieles a las [tradiciones] que, oralmente o por carta, les hemos transmitido" (2 Tesalonicenses 2:15).

Los creyentes no-judíos en Yeshúa del primer siglo comprendían muchos detalles de las Escrituras Hebreas y muchas de las tradiciones que las realzaban. Un ejemplo de esto es la copa compartida en el último *seder* de la Pascua de Mesías. Este elemento no es ordenado en las Escrituras Hebreas, mas llegó a ser parte de la tradición de la Pascua. La tercera copa es llamada la Copa de la Redención y, aunque es tradición rabínica, fue bendecido por Yeshúa mismo.

Toda tradición fue pesada por la autoridad de la Biblia, mas estos creyentes fueron bendecidos cuando comprendían las raíces judías de su fe en Mesías. Este es el balance al cual los creyentes en Yeshúa necesitan regresar hoy. Este libro es un esfuerzo en mostrar la riqueza espiritual de las tradiciones bíblicas/judías. Es una tarea desalentadora, pero una que enriquecerá a los creyentes que presenten el esfuerzo de estudiar las costumbres establecidas por Dios.

Barney Kasdan
Abril 1996

Parte uno

El ciclo vital bíblico

1

Brit Milá

El pacto de la circuncisión

Antecedentes históricos

"Dios también le dijo a Abraham: "Cumple con mi pacto, tú y toda tu descendencia por todas las generaciones. Y éste es el pacto que establezco contigo y con tu descendencia y que todos deberán cumplir: Todos los varones entre ustedes deberán ser circuncidados. Circuncidaran la carne de su prepucio, y ésa será la señal del pacto entre nosotros. Todos los varones de cada generación deberán ser circuncidados a los ocho días de nacido, tanto los niños nacidos en casa como los que hayan sido comprados por dinero a un extranjero y que, por lo tanto, no sean de la estirpe de ustedes. Todos sin excepción, tanto el nacido en casa como el que haya sido comprado por dinero, deberán ser circuncidados. De esta manera mi pacto quedara como una marca indeleble en la carne de ustedes, como un pacto perpetuo" (Génesis 17:9-13).

La vida no es solamente una serie de eventos fortuitos. El ciclo vital del pueblo de Dios es estratégicamente marcado por hitos en remembranza al pacto con él.

Apropiadamente, el plan de Dios empezó con el primer judío, Abraham. Después de responder a su llamada a dejar su tierra pagana de Ur de los Caldeos, se le fue dado a Abraham un acuerdo pactado con Dios. En Génesis 12, Dios prometió hacer una gran nación y pueblo de este patriarca. Igualmente, Abraham sería una bendición para todas las naciones.

El Mesías mismo vino de la familia de Abraham. Éstas ciertamente son promesas enormes. Génesis 17 relata que Dios confirmó este pacto proveyendo una *señal del pacto* —la circuncisión en el octavo día. Esta señal sirvió como recuerdo de este pacto para todas las generaciones.

Dios con frecuencia confirmaba sus pactos por medio de señales. El pacto de Noé fue confirmado con un arco iris. La señal del Nuevo Pacto es la inmersión en agua en el nombre del Mesías.

Mucho ha sido escrito sobre los orígenes de la circuncisión en las sociedades antiguas. Es verdad que la costumbre fue practicada mucho antes de la época de Abraham. Registros egipcios indican que hasta hace 4000 años, jóvenes eran circuncidados como tránsito hacia la virilidad. Otras tribus semitas siguieron este procedimiento como forma de entrar a sus sacerdocios paganos. Aun si la circuncisión se originó de una de estas sociedades antiguas, la comprensión espiritual del *b'rit milá* (el "pacto de la circuncisión") debe ser basada en la unicidad de la Torá, y en particular de Génesis 17.

Abraham y sus descendientes judíos serían apartados para Dios por medio de esta ceremonia del día octavo. El día octavo simboliza un nuevo ciclo vital, siete días siendo la semana ordenada por Dios. Es como si Dios quería que Abraham y sus hijos supieran que sus cuerpos deberían ser santificados como el pueblo pactado de Dios. Aún desde el nacimiento, Israel debía ser un pueblo distinto dedicado a la gloria de Dios. El *b'rit milá* sirvió como un recuerdo gráfico del Pacto Abrahámico para todas las generaciones futuras.

La señal del Pacto Abrahámico ha sido un papel importante en las costumbres del pueblo judío. Sorprendentemente, hubo tiempos en la historia judía cuando el pueblo o se le olvidó o ignoró este mandamiento importante (p. ej., Josué 5). Debería ser notado que la circuncisión, tan importante como es, no otorga el ser judío. Esto es claro del contexto de la situación de Josué. Su ejército obviamente era judío pero aun así habían desobedecido el mandamiento de seguir la señal del Pacto Abrahámico. Hasta Abraham fue llamado hebreo mucho antes que él tomara la señal del *b'rit milá* en Génesis 17 (ver Romanos 4:9-11). Pero, indiscutiblemente, el pacto de la circuncisión continuó siendo sumamente importante durante toda la historia judía como un mandamiento de Dios.

Observancia judía tradicional

Como en todas las costumbres de las Escrituras, muchas lecciones espirituales importantes pueden ser aprendidas mirando la ceremonia del *b'rit milá*. Mientras el proceso quirúrgico de la circuncisión (el retirar del prepucio del pene) es relativamente sencillo, una ceremonia algo elaborada se ha desarrollado dentro del judaísmo tradicional para observar apropiadamente esta costumbre. De acuerdo a Génesis 17, el *b'rit milá* tradicional (también llamado *b'ris*, usando el dialecto hebreo askenazí/europeo) siempre se lleva a cabo en el día octavo. El mandamiento del *b'rit milá* es tan importante que se lleva a cabo aunque el día octavo caiga en un Sábado, o incluso en *Yom Kipur*. Si el *b'rit milá* se lleva a cabo en un día de ayuno judío, los adultos bendicen el vino pero permiten que un menor de edad tome un sorbo. Así, la ceremonia de la circuncisión es cumplida sin romper el ayuno. La única excepción legítima para retrasar la ceremonia del día octavo es la enfermedad médica del infante. En tales casos, la familia es dirigida a esperar siete días enteros después que la salud sea restaurada.

Ya que la operación actual no es un proceso médico complicado, el lugar del *b'rit milá* puede ser en casa, en la sinagoga, o en el hospital. Algunos hospitales tradicionales en comunidades judías tienen un *cuarto de ritos* para este propósito. Como el *b'rit milá* es un evento en el ciclo vital de la familia, es generalmente una ceremonia en casa, seguida por una fiesta.

Los rabinos creen que es literalmente la responsabilidad del padre circuncidar a su propio hijo. Puesto que muchos padres están muy incómodos con esto, el *mohel* (el que circuncida) puede ser nombrado *shalíaj* ("representante") del padre. El *mohel* es un judío observante que es respetado como un líder espiritual entre su pueblo. Muchas veces el *mohel* ayunará en el día del *b'rit milá* preparando su espíritu para este *mitzvá* ("mandamiento"). El *mohel* debe tener entrenamiento médico para realizar este proceso. Para los judíos tradicionales, hay entrenamiento disponible en programas rabínicos especiales en algunos hospitales.

Entre los otros participantes de un *b'rit milá* tradicional hay los que llenan los papeles simbólicos para la ceremonia. Cada persona provee un bello eslabón en la progresión de este evento importante. Por ejemplo, el primer eslabón en la cadena es la *kvaterin* (la "madrina"). Ella es la que lleva el bebé de la madre hasta la puerta del cuarto donde se llevará a cabo el *b'rit milá*. De todos los participantes oficiales, la *kvaterin* es el único honor otorgado a una mujer. Cuando el infante es traído hasta la puerta, los observadores le dan la bienvenida al niño con la frase hebrea familiar *Baruj habá b'shem Adonay* ("Bendito es él que viene en el Nombre del Señor"). Este versículo, que se encuentra en el Halel (Salmo 118), es usado en muchas oraciones litúrgicas judías, especialmente para los días santos.

El siguiente participante honorado en la cadena del *b'rit milá* es el *kvater* (el "padrino"). Él es el que lleva al bebé de los brazos de la *kvaterin* y lo transfiere al próximo participante delegado. Esta persona se coloca de pie al lado del *kisey shel Eliyahu* ("la silla de Elías").

El Profeta Elías hace un papel importante en muchas de las costumbres judías. Este hombre de Dios vivió durante un tiempo muy difícil en el antiguo Israel. Elías creía que él era el único judío remanente fiel al pacto (ver 1 Reyes 19:10). Elías no solamente tenia que luchar con un Israel recaído, pero también con Jezabel, la esposa pagana del rey. Como resultado de su fidelidad al Dios de Israel, se le es dado a Elías el honor de ser recordado en varias ocasiones judías. Una silla especial es colocada para Elías en cada cena de *seder* de la Pascua, porque es creído que él llegará y tomará del vaso extra, así anunciando la venida del Mesías. También es creído que Elías asiste a la ceremonia del *b'rit milá* como el invitado de honor. En realidad, nadie se sienta en la silla de Elías, pero hay una persona que se coloca de pie al lado de ella y pone al niño en la silla. Es creído que Elías está presente en espíritu. De esta manera, la señal del pacto (*b'rit milá*) se lleva a cabo en la presencia del único quien fue guardián del pacto en su propia generación.

El participante que sigue cumple con el deber de *mikisey l'yad ha'av* ("de la silla a la mano del padre"). Es la tarea de este representante levantar al bebé de la silla de Elías y entregarlo a los brazos del padre. El padre del niño, como si estuviera delegando su responsabilidad a un representante oficial, le entrega su hijo al siguiente en la ceremonia, el *sandak*. De acuerdo a la tradición judía antigua, el *sandak* es el que actualmente sostiene el bebé durante el proceso de la circuncisión. Él está sentado sobre una silla y sostiene el bebé sobre una almohada, esperando el trabajo del *mohel*. Antes de empezar el proceso, el *mohel* pronuncia la bendición que sigue:

> *Baruj atá Adonay, eloheinu mélej ha'olám, asher kidshanu b'mitzvotav v'tzivanu al ha'milá.*
>
> Bendito eres Tú, oh Señor, nuestro Dios, Rey del universo, que nos ha santificado por sus preceptos y nos ha ordenado en lo concerniente a la circuncisión.

Ahora, se realiza la circuncisión. Normalmente, solo toma 10 a 15 minutos. Mientras no se usa ningún anestésico, generalmente se le da una gota de vino al bebé para ayudarlo en el resto de la ceremonia. Durante el ritual, el padre es obligado a decir lo siguiente:

> *Baruj atá Adonay, eloheinu mélej ha'olám, asher kidshanu b'mitzvotav v'tzivanu l'hajnisó bivritó shel Avraham avinu.*
>
> Bendito eres Tú, oh Señor, nuestro Dios, Rey del universo, que nos ha santificado con sus preceptos y nos ha ordenado hacerlo ingresar al pacto de nuestro patriarca Abraham.

Cuando se termina el ritual, el bebé es envuelto y es dado a otro delegado honorado, el *sandak shení* ("el segundo sandak"). A esta persona se le es dada el privilegio distinto de sostener al niño recién-circuncidado para las bendiciones de conclusión de la ceremonia. Las bendiciones son cantadas o leídas por la persona quien es el último eslabón en la cadena de la tradición, el *mevoraj* ("El que Bendice"). La primera bendición es pronunciada sobre una copa de vino para representar el gozo de la ocasión:

> *Baruj atá Adonay, elobeinu mélej ha'olám, borei p'ri ha'gafen. Amén.*
>
> Bendito eres Tú, oh Señor, Rey del universo que crea el fruto de la vid. Amén.

Después que la familia haya tomado un sorbo del vino, se lee la bendición siguiente, que también sirve el propósito de darle al niño un nombre hebreo:

> Nuestro Dios y Dios de nuestros padres, sostiene este niño en vida y en salud y que sea conocido en la casa de Israel por el nombre ____________*ben*____________ [Nota: se acostumbra explicar el significado del nombre hebreo]. Causa que los padres regocijen en este niño quien Tú has confiado a su cuidado. De tal manera que ha sido traído dentro del pacto de Abraham, de la misma manera que sea guiado hacia el estudio de Vuestra Torá, que entre en un matrimonio digno de tu bendición, y que viva una vida enriquecida con buenos hechos. Amén (Conferencia central de rabinos americanos, *Manual del Rabino* [Inglés], p.11).

Es muy importante que el niño reciba un nombre hebreo que será su identidad en la sinagoga y en otras ceremonias judías. En la tradición askenazí (europea), el niño no debe llevar el nombre de un familiar vivo, pues se considera mala suerte. Es más apropiado que el niño reciba el nombre hebreo de un familiar difunto querido en honor y para continuar la memoria bendita del ser querido. Los judíos sefardí/medio-orientales no se atienen a las mismas creencias de la comunidad enraizada en Europa; por lo tanto, la comunidad sefardí lo considerará un honor dar un nombre a un niño de un familiar viviente. El nombre hebreo del bebé es por lo general construido por la unión de su nombre con el nombre de su padre (p. ej., David ben Booz, David hijo de Booz).

El paso final de la ceremonia del *b'rit milá* es el *seuda mitzvá* (la comida del mandamiento). Ésta es la comida festiva después de la ceremonia que celebra el gozo de una nueva vida traída dentro de la señal del pacto. Esta puede ser un banquete elaborado o un tiempo de sociabilidad relativamente sencilla con familiares y amigos. Es apropiado concluir recordándoles a todos del gozo de su relación pactada con el Dios de Abraham.

Por vital que era la ceremonia del *b'rit milá* para los rabinos, con frecuencia les recordaban a la comunidad que la importancia mayor era la comprensión de las lecciones espirituales asociadas con esta costumbre. En el Talmud (la Ley Oral más las discusiones rabínicas sobre la Ley Oral), los rabinos preguntaron cual era la edad en la que un menor tenia derecho a su herencia en el mundo porvenir. La respuesta fue que un menor de edad tenia derecho a su herencia en el tiempo de su *b'rit milá* (*Talmud babilonio*, Sanedrín 110b). En el *Midrash* (un comentario rabínico) sobre Éxodo, los rabinos declaran que Abraham mismo se sentará a la puerta de *Gueyhinom* ("el Infierno") y no dejará entrar a ningún judío circuncidado (Éxodo *Rabá* 19:4).

Los rabinos con frecuencia señalaban que la Torá ponía un énfasis espiritual importante sobre el significado del *b'rit milá*. La circuncisión es un recuerdo que el espíritu debe ser sometido a Dios.

> Y ahora, Israel, ¿qué te pide el Señor tu Dios? Simplemente que temas y andes en todos sus caminos, que lo ames y le sirvas con todo tu corazón y con toda tu alma, y que cumplas los mandamientos y los preceptos que hoy te manda a cumplir, para que te vaya bien. Al Señor tu Dios le pertenecen los cielos y lo más alto de los cielos, la tierra y todo lo que hay en ella. Sin embargo, él se encariñó con tus antepasados y los amó; y a ti, que eres su descendencia, te eligió de entre todos los pueblos, como lo vemos hoy. Por eso despójate de

> lo pagano que hay en tu corazón, y ya no seas terco (Deuteronomio 10:12-16; cfr., Jeremías 4:4; 9:25-26).

En un pasaje paralelo, se muestra que un corazón circuncidado es una obra espiritual que solamente puede ser realizada por Dios. Mientras la circuncisión física es el quitar de la carne, la circuncisión espiritual involucra el quitar de aquello que es inmundo dentro del espíritu.

> El Señor tu Dios quitará lo pagano que haya en tu corazón y en el de tus descendientes, para que lo ames con todo tu corazón y con toda tu alma, y así tengas vida (Deuteronomio 30:6).

Dentro del judaísmo tradicional, se presentó la pregunta de qué hacer con los gentiles que quisieran unirse a la fe de Israel. Esto no era raro durante las épocas bíblica y talmúdica, visto en tales casos como los de Rahab y Rut. Mientras la Biblia no defina los requisitos exactos para la conversión de un gentil al judaísmo, los rabinos los describieron en detalle. Además de adoptar una creencia en el único Dios de Israel verdadero, se le requería a un gentil vivir un estilo de vida conforme con la Torá. De acuerdo al gran rabino Hilel (primer siglo de la era común), la iniciación a la casa de Israel tenía que incluir tres cosas: sacrificio en el Templo, la *mikvé* (inmersión ritual) y la circuncisión (para los hombres). Es importante de reconocer que estas tres condiciones no fueron aceptadas universalmente. Rabino Josué, de la misma época, discrepó con Hilel. Él dijo que sí se requería la *mikvé* pero no la circuncisión (*Talmud babilonio*, Yevamot 46a). Este asunto directamente impactó al movimiento mesiánico. Muchas de las mismas opiniones se discutieron en el Consejo de Jerusalén, detallado por Hechos 15.

Pertenencia al Nuevo Testamento

Muchas de las costumbres relacionadas con el *b'rit milá* le sonarán familiar a los que conocen el Nuevo Testamento. Por supuesto, el Nuevo Testamento fue escrito inicialmente por judíos para una audiencia en gran parte judía, sobre conceptos judíos. De igual manera, el Nuevo Testamento presenta una perspectiva del *b'rit milá* como una costumbre que puede ser apreciada y seguida cuando hay el equilibrio bíblico adecuado. Igual a los interdictos de la Torá, el Nuevo Testamento reafirma la importancia de las lecciones espirituales de la circuncisión.

> Toda la plenitud de la divinidad habita en forma corporal en [Mesías]; y en él, que es la cabeza de todo poder y autoridad, ustedes han recibido esa plenitud. Además, en él fueron circuncidados, no por mano humana sino con la circuncisión que consiste en despojarse del cuerpo pecaminoso... (Colosenses 2:9-11).

La circuncisión de la carne tiene valor como una costumbre establecida por Dios; sin embargo, el valor más grande está en la lección espiritual de la circuncisión. Diferente al *b'rit milá* terrenal, el corazón circuncidado debe ser una obra de Dios por medio del Mesías. Por lo tanto, cuando es entendido dentro de su contexto espiritual, se hace claro que el Nuevo Testamento nunca condenó la costumbre del *b'rit milá* (ver Romanos 2:17, 28-29).

El Nuevo Testamento relata más de una ceremonia de b'rit milá. El Evangelio de Lucas refiere los detalles asombrosos acerca del nacimiento del hombre conocido como *Yojanan* ("Juan" el Bautista). Sus padres, *Z'jaryá* ("Zacarías") y *Elisheba* ("Elisabet"), eran ancianos. De modo que, *Z'jaryá* dudó que él pudiese engendrar un niño, y el ángel Gabriel lo silenció hasta el nacimiento de su hijo. Finalmente, en el nacimiento de Yojanan eventos extraños tomaron lugar.

> Cuando se cumplió el tiempo, [Elisheba] dio a luz un hijo. Sus vecinos y parientes se entraron que [Adonay] le había mostrado gran misericordia, y compartieron su alegría. A los ocho días llevaron [el niño a su b'rit milá]. Como querían ponerle el nombre de su padre, [Z'jaryá], su madre se opuso. -¡No! –dijo ella-. Tiene que llamarse [Yojanan]. –Pero si nadie en tu familia tiene ese nombre –le dijeron. Entonces le

> hicieron señas a su padre, para saber qué nombre quería ponerle al niño. Él pidió una tablilla, en la que escribió: "Su nombre es [Yojanan]." Y todos quedaron asombrados. Al instante de le desató la lengua, recuperó el habla y comenzó alabar a Dios. Todos los vecinos se llenaron de temor, y por toda la región montañosa de Y'hudá [Judea] se comentaba lo sucedido. Quienes lo oían se preguntaban: "¿Que llegará a ser este niño?" Porque la mano [de Adonay] lo protegía (Lucas 1:57-66).

Ésta fue una ceremonia tradicional de *b'rit milá*, tal como se practicaba en Jerusalén durante el primer siglo. Presumiblemente, todos los elementos acostumbrados para el ritual estaban presentes: los conocidos, los participantes honorados, el *mohel* y el *mevoraj*. Durante el nombramiento del hijo, hubo una controversia sobre cual nombre se debería usar. En esta situación sefardí, medio-oriental, hubiera sido más tradicional nombrar un hijo en honor de un familiar viviente. *Z'jaryá ben Z'jaryá* hubiera sido una opción obvia para un nombre tradicional en esta cultura del primer siglo. Mas, a causa del mensaje del ángel para los padres, ellos sabían que tenían que nombrarlo *Yojanan ben Z'jaryá* (Juan hijo de Zacarías). Ciertamente, los invitados se sorprendieron porque no había ningún miembro de la familia con ese nombre. Sin embargo, siempre es mejor seguir las instrucciones claras de Dios. Posiblemente Yojanan ("Dios es Gracioso") era un nombre más profético para este mensajero de Israel, puesto que fue él que presentó el mensaje de la preparación para el Mesías porvenir. Aun así, la ceremonia del *b'rit milá* concluyó y *Yojanan* se desarrolló en un hombre que fue usado para el propósito de Dios.

Varios otros pasajes en el Nuevo Testamento hablan de la costumbre del *b'rit milá*, sobre los puntos de vista tanto históricos como teológicos. Aun Yeshúa de *Natzeret* tuvo un *b'rit milá* tradicional. El Evangelio de Lucas afirma:

> Cuando se cumplieron los ocho días y [fue el tiempo para su *b'rit milá*], lo llamaron [Yeshúa], el nombre que el ángel le había puesto antes de que fuera concebido (Lucas 2:21).

La costumbre del *b'rit milá* continuo con los primeros

judíos mesiánicos, pues se consideraban legítimamente parte del pacto con su padre Abraham. Nunca les entró en mente que habían sido "convertidos" a una religión nueva. En realidad, eran más celosos por su herencia y sus costumbres judías (ver Hechos 21:20). Por lo tanto, Saulo de Tarso (Pablo fue su nombre griego) confirmó, como parte de su testimonio, que sus padres lo trajeron dentro de la señal del pacto con el *b'rit milá* del día octavo (ver Filipenses 3:5).

Hechos 16:1-3 describe la circuncisión de Timoteo. Timoteo, quien nació judío, no fue criado de una manera tradicional. Dado que Saulo deseaba llevar a Timoteo con él dentro de las comunidades judías, se aseguró que Timoteo tuviera un *b'rit milá* aunque fuera en una etapa más tarde en la vida de Timoteo.

El último punto generalmente crea alguna confusión teológica entre los creyentes gentiles en Yeshúa. Se piensa y se predica con frecuencia que Saulo tomaba una posición contra la circuncisión. Después de todo, él les advirtió a los gálatas que no tomaran la señal de la circuncisión o estarían en peligro del juicio de Dios. Saulo escribió:

> [¡El Mesías] nos liberó para que vivamos en libertad[!] Por lo tanto, manténganse firmes y no se sometan nuevamente al yugo de esclavitud. Escuchen bien: yo, [Saulo], les digo que si [se someten al *b'rit milá*], [El Mesías] no les servirá de nada. De nuevo declaro que todo el que se [someta al *b'rit milá*] está obligado a practicar la [Torá] (Gálatas 5:1-3)!

Con frecuencia se pasa por alto el contexto de esta carta a los gálatas. Es vital recodar que Saulo se dirigió a los gentiles que buscaban ganar favor ante Dios en siguiendo las costumbres. Este próximo versículo clarifica el problema:

> [¡]Aquellos de entre ustedes que tratan de ser justificados por la ley han roto con [Mesías!] [Han] caído de la gracia [de Dios] (Gálatas 5:4).

Saulo nunca tuvo la intención de implicar que era de alguna manera intrínsicamente erróneo para que los creyentes en Yeshúa siguieran el *b'rit milá* como una costumbre. Si este fuera el caso, ¿cómo sería posible explicar la circuncisión de Timoteo por Saulo? El doble-asunto es este: primero, la circuncisión es una señal del Pacto Abrahámico para los descendientes judíos del patriarca. Por lo tanto, no es una cuestión para la comunidad gentil ya que no es realmente relacionada a los aspectos físicos del Pacto Abrahámico. Mientras Saulo sí circuncidó a Timoteo, un judío, rehusó ser presionado a circuncidar a Tito, que no era judío (ver Gálatas 2:3).

En segundo lugar, se tiene que examinar el contexto de los versículos que advierten a los gálatas a rechazar el requisito de *b'rit milá*. El contexto clarifica que ellos estaban bajo de la creencia falsa que de alguna manera serian justificados (salvos) por someterse al *b'rit milá*. Saulo refuta esta doctrina falsa, puesto que ni judío ni gentil jamás será justificado por las obras de la Torá (ver Romanos 3:20). Por lo tanto, hay un equilibrio en el Nuevo Testamento que afirma la perspectiva apropiada del *b'rit milá*. Aunque la circuncisión ritual no hace nada para la justificación personal ante un Dios santo, todavía es una señal del Pacto Abrahamíco para los judíos mesiánicos. Con un entendimiento claro que la justificación es realizada solo por fe en el Mesías resucitado, los creyentes en Yeshúa son libres a seguir la costumbre del *b'rit milá*.

Esta cuestión de la relación del *b'rit milá* a el creyente mesiánico (judío o gentil) fue tan controversial en el primer siglo que un consejo especial se reunió en Jerusalén para discutirla. Después de escuchar los varios lados, los líderes del primer movimiento mesiánico llegaron a un consenso e hicieron la declaración siguiente:

> Los apóstoles y los ancianos se reunieron para examinar este asunto. Después de una larga discusión, Kefa [Pedro] tomó la palabra: -Hermanos, ustedes saben que desde un principio Dios me escogió de entre ustedes para que por mi boca los Goyim [gentiles] oyeran el mensaje del evangelio y creyeran. Dios, que conoce el corazón humano, mostró que los aceptaba dándoles el Rúaj HaKódesh [Espíritu Santo], lo mismo que a nosotros. Sin hacer distinción alguna entre nosotros y ellos, purificó sus corazones por la fe. Entonces, ¿por qué tratan ahora de provocar a Dios poniendo sobre el cuello de esos talmidim [discípulos] un yugo que ni nosotros ni nuestros antepasados hemos

> podido soportar? ¡No puede ser! Más bien, como ellos, creemos que somos salvos por la gracia de nuestro Señor [Yeshúa] (Hechos 15:6-11).

Como en el pasaje de Gálatas, la controversia es realmente doble. Primero, ¿Cuál es la base de la justificación ante Dios, tanto para el judío como para el gentil? Es concordado que la fe en la muerte y resurrección del Mesías son esenciales y no la adherencia a cualquier costumbre. El segundo problema tocado es uno que los creyentes modernos no consideran frecuentemente. Con la diseminación del movimiento mesiánico entre los gentiles, los gentiles tuvieron que adaptarse de una vida pagana a una mesiánica. Esto le suena extraño a mucha gente hoy. Normalmente creyentes son enfrentados con la pregunta exactamente opuesta. ¿Cómo puede un judío aceptar a Yeshúa el Mesías y entrar en la estructura de la iglesia gentil? En el primer siglo, la sandalia proverbial estaba en el otro pie. ¿Cómo abordó la Conseja de Jerusalén el asunto del lugar del creyente gentil dentro del movimiento mesiánico?

> Toda la asamblea guardó silencio para escuchar a Bar-Naba [Bernabé] y a Sha'ul [Saulo], que les contaron las señales y prodigios que Dios había hecho por medio de ellos entre los gentiles. Cuando terminaron, Ya'akov [Jacobo] tomó la palabra y dijo: -Hermanos, escúchenme. Shim'on [Simón] nos ha expuesto cómo Dios desde el principio tuvo a bien escoger de entre los Goyim [gentiles] un pueblo para honra de su nombre. Con esto concuerdan las palabras de los profetas, tal como está escrito:
>
>> "Después de esto volveré y reedificaré la choza caída de David. Reedificaré sus ruinas, y la restauraré, para que busque al Señor el resto de la humanidad, [todos los Goyim] que llevan mi nombre. Así dice [Adonay], que hace estas cosas" conocidas desde tiempos antiguos.
>
> "Por lo tanto, yo considero que debemos dejar se ponerles trabas a los Goyim que se convierten a Dios. Más bien debemos escribirles que se abstengan de lo contaminado

> por los ídolos, de la inmoralidad sexual, de la carne de animales estrangulados y de sangre. En efecto, desde tiempos antiguos Moshé [Moisés] siempre ha tenido en cada cuidad quien lo predique y lo lea en las sinagogas todos los Shabat [Sábados]" (Hechos 15:12-21).

Los ancianos mesiánicos no podían dudar que Dios estaba haciendo una nueva obra para incluir a los gentiles en el reino de Mesías. Los profetas predijeron este acontecimiento y los frutos del ministerio de Saulo lo verificaron. Distinto del judaísmo rabínico, el cual requería que un gentil se sometiera al *b'rit milá* para la conversión al judaísmo, la perspectiva judía mesiánica recibía a los gentiles tal como eran. No había la necesidad de un *b'rit milá*. Gentiles no tenían que hacerse judíos antes que ellos pudiesen creer en el Mesías judío, Yeshúa. Esto no era nada más que razonamiento radical para los creyentes judíos de esa época. Sin embargo, ellos recomendaron que estos nuevos gentiles mesiánicos continuaran a ser sensible hacia la comunidad judía en la cual vivían y tenían compañerismo. Por lo tanto, fueron exhortaros a abstenerse de actos específicos que ofenderían a sus hermanos judíos, particularmente los ídolos, la inmoralidad y el comer de sangre (la carne no-casher).

Es claro del contexto que estas acciones no eran para la justificación, pero eran las recomendaciones espirituales necesarias para mantener el amor y la paz entre los dos grupos culturales distintos. Estas acciones también servían como un testimonio a la comunidad judía no-mesiánica que estos creyentes gentiles en Yeshúa tenían una comprensión y un aprecio para la base judía de su fe. Ésta parece ser la implicación de Hechos 15:21, donde estos mandatos fueron dados porque la comunidad judía escuchaba la Torá predicada todos los Sábados. ¿Cómo entenderá la comunidad judía que Yeshúa es el Mesías a menos que sus seguidores entiendan y aprecien la conexión del Nuevo Testamento a sus raíces judías? Nadie debería pensar que esta decisión fue incorrecta o simplemente fabricada. Las escrituras señalan que este edicto no solamente fue acordado por el liderazgo judío mesiánico, pero también fue confirmado como la decisión apropiada por el Espíritu Santo, *Rúaj HaKódesh* (Hechos 15:28).

La comunidad judía no-creyente todavía piensa incorrectamente del "cristianismo" como una religión gentil. Mientras muchas iglesias a través de la historia han adoptado costumbres y expresiones de su fe, es infortunado que se han olvidado de sus propias raíces espirituales judías (ver Romanos 11:17-18). El Consejo de Jerusalén todavía tiene mucho que enseñarles a los creyentes judíos y gentiles en Yeshúa. No es necesario ser judío para creer en Yeshúa, pero sí debería haber una comprensión de dónde originó esta fe. Este estudio de *b'rit milá* y otras tradiciones bíblicas les proveerá a creyentes una nueva comprensión y los equipará para ser un testimonio para la comunidad judía que Yeshúa es el Mesías.

Una guía práctica para una ceremonia de B'rit Milá mesiánica

El fondo de la Torá y la comprensión del Nuevo Testamento hacia el *b'rit milá* clarifican que esta costumbre puede ser seguida y apreciada por los creyentes en Yeshúa. Para judíos mesiánicos que representan el remanente de Israel, es lógico que ellos desearan a seguir la señal de Pacto Abrahámico, tal como hicieron los creyentes judíos en Yeshúa del primer siglo. Mientras gentiles también desearán circuncidar a sus hijos, el *b'rit milá* permanece como una señal entre el pueblo judío y el Dios de Israel. Lo siguiente es una ceremonia mesiánica de *b'rit milá* sugerida, diseñada como una guía practica para los que desean observar esta costumbre antigua.

La familia puede adaptar los detalles de esta ceremonia, en la libertad del *Rúaj HaKódesh*, por excluir ciertos elementos o incluir otras partes que ellos deseen. La necesidades practicas del *mohel* deberían ser consideradas mientras él trata de preparar el mejor ambiente para el *b'rit milá*. El líder mesiánico local será el mejor consejero con respecto a estos detalles. Sea sencillo o elaborado, el elemento más importante es el enfoque espiritual de la ceremonia. Lo siguiente es un ejemplo de un servicio de *b'rit milá*:

Con toda la familia y los invitados reunidos en el cuarto, la madre se sienta en una silla afuera de la puerta y sostiene el niño. Ella le pasa el niño a la madrina (*kvaterin*) la cual trae el bebe hasta la entrada del cuarto donde el líder declara:

> *Baruj babá b'shem Adonay.*
>
> Bendito es el que llega en el nombre de HASHEM.

El líder continúa, diciendo:

> *El rito de la circuncisión ha sido impuesto sobre nosotros como señal de nuestro pacto con Dios, así está escrito:*

El líder lee de Génesis 17:9-14, entonces continúa:

> Como judíos mesiánicos, seguimos el ejemplo de Mesías Yeshúa y los primeros creyentes judíos.

El líder lee Lucas 2:21. Este es un tiempo apropiado para dar un mensaje corto con respecto al significado del *b'rit milá* para los judíos mesiánicos, posiblemente usando otras escrituras pertinentes.

El padrino (*kvater*) toma el niño de la *kvaterin* y se lo da a la persona vigilando la silla de Elías. Esta persona brevemente pone el niño sobre la silla. Entonces, el niño es recogido por una segunda persona la cual le entrega el niño al padre.

El padre dice:

> Conforme con la observancia judía sagrada, yo presento a mi hijo para el pacto de la circuncisión.
>
> *Baruj atá Adonay, elobeinu mélej ba'olám, asher kidshanu b'mitzvotav v'tzivanu l'hajnisó bivritó shel Avraham avinu.*
>
> Bendito eres Tú, oh Señor, nuestro Dios, Rey del universo, que nos ha santificado con sus preceptos y nos ha ordenado hacerlo ingresar al pacto de nuestro patriarca Abraham.

El padre le da su hijo al *sandak* (si es usado) el cual esta sentado en una silla con una almohada en sus piernas. Esta persona sostiene el niño mientras la circuncisión es realizada por el *mohel*.

Justo antes que la circuncisión sea realizada, el líder lee lo siguiente:

> *Baruj atá Adonay, eloheinu mélej ha'olám, asher kidshanu b'mitzvotav v'tzivanu al ha'milá.*
>
> Bendito eres Tú, oh Señor, nuestro Dios, Rey del universo, que nos ha santificado con sus preceptos y nos ha ordenado en lo concerniente a la circuncisión.

Después de la circuncisión, el líder alza la copa de vino y canta:

> *Baruj atá Adonay, eloheinu mélej ha'olám, borei p'ri ha'gafen. Amén.*
>
> Bendito eres Tú, oh Señor, Rey del universo que crea el fruto de la vid. Amén.

Mientras los padres toman sorbos de vino, el líder continua:

> Nuestro Dios y Dios de nuestros padres, sostiene este niño en vida y en salud y que sea conocido en la casa de Israel por el nombre ____________*ben*______________ [Nota: se acostumbra explicar el significado del nombre hebreo]. Causa los padres a regocijar en este niño quien Tú has confiado a su cuidado. De tal manera que ha sido traído dentro del pacto de Abraham, de la misma manera que sea guiado hacia el estudio de Vuestra Torá, entre en matrimonio digno de tu bendición, y viva una vida enriquecida con buenos hechos. Amén (Conferencia central de rabinos americanos, *Manual del Rabino*, p.11).

Aunque el *b'rit milá* no es relacionado con las niñas, la oración susodicha sirve como un buen modelo para una ceremonia de nombramiento o de dedicación. Sin embargo, en vez de usar la palabra *ben* ("hijo"), la palabra *bat* ("hija") debería ser usada. Esto es hecho con frecuencia durante el primer servicio de la congregación que la niña pueda atender.

Después de esta oración de nombramiento, una oración personal debe ser otorgada para el niño o la niña y su familia. Esta oración debe afirmar que el niño será criado a conocer Mesías Yeshúa desde una temprana edad. Un recordatorio muy importante de esta ocasión gozosa puede ser el bello certificado mesiánico para un *b'rit milá* o una Dedicación (ver mas abajo; ver también la Conclusión para saber como obtener uno). Por fin, es posible que la familia quiera continuar con una comida gozosa, en casa o en otro lugar, para celebrar la vida nueva. *Mazal Tov!* (¡Felicitaciones!)

Certificate of Brit Milah

In accordance with the Word of God

Benjamin Samuel Bloom

son of

Richard and Deborah Bloom

born on 12 Iyar 5756, corresponding to May 1 1996,

was brought into the covenant of Abraham through circumcision

in Baltimore, Maryland

and given the Hebrew name of

Benyamin Shmuel

"Circumcise yourselves to the Lord, and take away the foreskins of your heart..." Jeremiah 4:4

Signed

Signed

ברוך אתה יי, אלהינו מלך העולם, אשר קדשנו במצותיו

וצונו להכניסו בבריתו של אברהם אבינו

2

Pidión Ha'ben

El rescate del primogénito

Antecedentes históricos

"Una vez que el Señor los haga entrar en la tierra de los cananeos y se la haya dado, conforme al juramento que los hizo a ustedes y sus antepasados, le dedicarán al Señor el primogénito de todo vientre, y todo primer macho de su ganado, pues éstos le pertenecen al Señor. El primogénito de una asna podrá ser rescatado a cambio de un cordero; pero si no se rescata, se le quebrará el cuello. Todos los primogénitos de ustedes o de sus descendientes deberían ser rescatados. El día de mañana cuando sus hijos les pregunten: "¿Y esto que significa?", les dirán: "El Señor, desplegando su poder, nos sacó de Egipto, país donde fuimos esclavos. Cuando el faraón se empeñó en no dejarnos ir, el Señor les quito la vida a todos los primogénitos de Egipto, tanto de hombres como de animales. Por eso le ofrecemos al Señor en sacrificio el primer macho que nace, y rescatamos a nuestros primogénitos"» (Éxodo 13:11-15).

¡Que asombroso acontecimiento fue! ¿Cuál otra nación en toda la historia puede proclamar que su Dios la sacó de la esclavitud a la libertad? Es por su puesto una larga historia, extendida sobre más de 400 años, la cual detalla como los descendientes de Abraham terminaron en una tierra extranjera. Los que son familiares con la Biblia conocen de la hambruna en Canaán, la venta de José por sus hermanos y las otras *coincidencias* que eventualmente trajeron a los hijos de Israel a Egipto. Los primeros capítulos en el libro de Éxodo relatan la liberación maravillosa del pueblo judío de la opresión del Faraón. Esta liberación ha sido celebrada cada año durante la cena del *seder* de la Pascua por los últimos 3500 años.

Una costumbre bíblica menos conocida que es asociada con la liberación de Egipto es *pidión ha'ben* (el rescate del primogénito"). Esta costumbre podrá aparecer un poco extraña, pero cuando es analizada más cerca, se comienza a apreciar su simbolismo lindo. Se pueden hacer un número de paralelos interesantes entre *pidión ha'ben* y las lecciones espirituales de la redención.

Cuando el pueblo estaba al borde de su nueva tierra, ellos podían apreciar una costumbre que ilustraba el proceso por el cual llegaron allí. Ellos eran un pueblo rescatado, tanto físicamente como espiritualmente, mientras caminaban con el Dios de sus padres. La décima plaga trajo muerte para todo primogénito en Egipto, pero los israelitas fueron absueltos porque siguieron los dictados de Dios. Los israelitas untaron la sangre de un cordero sacrificado en los postes de las puertas de sus casas (Éxodo 12). En haciendo esto, Dios prometió *pasar sobre* sus viviendas (Éxodo 12:12). Como resultado, Dios dijo que todos los animales y hombres primogénitos le pertenecían a él. Fue muy claro para esa generación de israelitas que ellos le debían sus primogénitos a Dios. Esos hijos, habiendo sido salvados por la mano de Dios, ahora eran obligados a ser sus sirvientes y sacerdotes de tiempo completo.

La consagración del primogénito se evolucionó en una costumbre simbólica aún más interesante. Por varios años después de la partida de Egipto, estos primogénitos sirvieron como el sacerdocio del pueblo judío. Sin embargo, Dios reveló mas de su plan para su pueblo, él designó una tribu de Israel entera para este propósito sagrado –los hijos de Leví (ver Números 8:14-18). Esto presentó un problema interesante de que hacer con los primogénitos anteriormente nombrados. La respuesta se encuentra en la Torá. Dios especificó que los primogénitos sean rescatados (comprados de nuevo) para otro servicio más que el sacerdocio de tiempo completo. Dios le habló a Aarón, el sumo sacerdote, diciendo:

> *"Todo lo que en Israel haya sido dedicado por completo al Señor, será tuyo. Todo primogénito presentado será tuyo, ya sea de hombre o de animal. Pero rescataras al primogénito nacido de hombre y al de animales impuros. El rescate tendrá lugar cuando el primogénito tenga un mes de edad. El precio del rescate será cinco monedas de plata, según la moneda oficial del santuario, que pesa once gramos."* (Números 18:14-16).

Esta ley no le aplicaba a los primogénitos que también resultaban ser de la tribu de Leví. Los primogénitos de la tribu de Leví eran obligados a ser sacerdotes de tiempo completo de Dios y no podían ser rescatados para cualquier otro propósito. Por medio del simbolismo de esta costumbre establecida por Dios, los hijos de Israel siempre recordaron de dónde vinieron y a quien les pertenecían. *Pidión ha'ben* es un retrato del amor redentor de Dios que nunca debería ser olvidado por los creyentes en Yeshúa.

Observancia judía tradicional

Desde los días de Moisés, la costumbre de *pidión ha'ben* ha sido un acontecimiento importante en el ciclo vital bíblico/judío.

Tal como es mencionado en la Torá (Números 18:16), el cronometraje de *pidión ha'ben* es un mes después del nacimiento de un niño. Puesto que a los judíos tradicionales no les gustaría gastar tiempo, la ceremonia normalmente se lleva a cabo el trigésimo primer día después del nacimiento. En los tiempos bíblicos esto hubiera requerido que el padre llevara a su hijo al

Tabernáculo o al Templo. El padre era obligado a encontrar un sacerdote justo, de los hijos de Aarón (un Cóhen) o de la tribu de Leví (la tribu sacerdotal más grande). Cuando el padre le presentaba su hijo al sacerdote, el Cóhen o el levita le preguntaría específicamente, "Cuál es tu preferencia – darme tu primogénito o rescatarlo por cinco siclos, tal como eres mandado hacer en la Torá?" (Olitzky y Isaacs, *El segundo manual de Cómo vivir una vida judía*, p. 62). El padre entonces declararía su intención, sea de dar su hijo para servicio sacerdotal o de rescatarlo.

En este momento, era importante que hubiera un cambio de dinero oficial. La figura exacta es determinada en la Torá, específicamente cinco monedas de plata ("siclos" en español y "shéquels" en hebreo). Obviamente, el niño valía más que esto, pero el simbolismo espiritual siempre era el punto más importante. Mientras el dinero del rescate cambiaba manos, ciertas bendiciones hebreas eran cantadas sobre el niño por el sacerdote:

> *Baruj atá Adonay, eloheinu mélej ha'olám, asher kidshanu b'mitzvotav v'tzivanu al pidión ha'ben. Amén.*
>
> Bendito eres Tú, oh Señor, nuestro Dios, Rey del universo, que nos ha santificado con Sus preceptos y nos ha ordenado en lo concerniente al rescate de un hijo.
>
> *Baruj atá Adonay, eloheinu mélej ha'olám, shehekheyanu v'kiymanu v'higiyanu lazman ha'zeh. Amén.*
>
> Bendito eres Tú, oh Señor, nuestro Dios, Rey del universo, que nos ha mantenido con vida, nos sostuvo y nos ha permitido llegar a esta ocasión. Amén.

Una copa de *kidush* (una copa de vino) sería bendecida y, como es con frecuencia el caso durante los eventos judíos, seguía una comida celebradora. La ceremonia entera de *pidión ha'ben* es relativamente sencilla en su formato pero muy poderosa en su mensaje espiritual.

Los judíos tradicionales todavía siguen esta costumbre aunque Israel ya no tenga un Templo o un sacerdocio. Sin embargo, por medio de los nombres de familia, judíos han llevado la cuenta de cuales familias son descendidas de la tribu de Leví (Levy, Levitz, etc.) y de la casa de Aarón (Cóhen, Katz, incluso Kasdan). Hoy, por ejemplo, una familia tradicional buscaría a un Cóhen en la sinagoga y cambiaría cinco dólares de plata o "Monedas de *Pidión Ha'ben*" acuñadas especialmente de Israel. La ceremonia de *pidión ha'ben* con frecuencia ha sido abandonada por los judíos menos tradicionales que ven tales costumbres como irrelevantes a la vida judía moderna. Sin embargo, todavía tiene alguna verdad maravillosa para creyentes en Yeshúa.

Pertenencia al Nuevo Testamento

Puesto que el Nuevo Testamento toma lugar en la comunidad judía del primer siglo, registra la ceremonia de *pidión ha'ben* del Mesías.

> Así mismo, cuando se cumplió el tiempo cuando en que, según la [Torá de Moshé], ellos debían de purificarse, [Yosef y Miryam] llevaron al niño a [Yerushalayim] para presentarlo al Señor. Así cumplieron con lo que en la [Torá de Adonay] está escrito: «Todo varón primogénito será consagrado a [Adonay]». También ofrecieron un sacrificio conforme a lo que la [Torá de Adonay] dice: «Un par de tórtolas o dos pichones de paloma» (Lucas 2:22-24).

Como es estipulado en la Torá, *Yosef* ("José") y *Miryam* ("Maria") llevaron a su niño recién nacido al Templo para cumplir con sus obligaciones. Esta era doble obligación: primero, para purificar ceremonialmente a la madre con los sacrificios apropiados (Levítico 12:1-8). La familia de Yeshúa no era rica, y por lo tanto presentaron la ofrenda menos costosa de palomas. La segunda parte de la obligación era el rescate del primogénito por medio del ritual de *pidión ha'ben*. El niño Yeshúa no fue exento de esta redención. Aunque él era el Mesías, no era de la tribu levítica. En realidad, las escrituras predijeron que el Mesías sería de otra tribu principal –Judá (ver Génesis 49:10). La ceremonia de *pidión ha'ben* de Yeshúa es descrita en el Evangelio de Lucas:

> Ahora bien, en [Yerushalayim] había un hombre llamado [Shim'on], que era [un tzadik] y devoto, y aguardaba con esperanza la redención de Israel. El [Rúaj HaKódesh] estaba con él y le había revelado que no moriría sin antes ver al [Mesías de Adonai]. Movido por el Espíritu, fue al templo. Cuando al niño [Yeshúa] lo llevaron sus padres para cumplir con la costumbre establecida por la [Torá], [Shim'on] lo tomó en sus brazos [e hizo una b'rajá (bendición)] a Dios:
>
> «Según tu palabra, [Adonay], ya puedes despedir a tu siervo en paz. Porque han visto mis ojos tu salvación, que has preparado a la vista de todos los pueblos: luz que ilumina a [los Goyim] y gloria de tu pueblo Israel.»
>
> El padre y la madre del niño se quedaron maravillados por lo que decía él (Lucas 2:25-33).

Como la familia de Yeshúa alababa en el Templo, sin duda realizaron que necesitarían a un Cóhen justo para oficiar el ritual de su hijo. Encontraron tal hombre en *Shim'on* ("Simeón"), que no solo era devoto pero también era un hombre que buscaba esperanzadamente la consolación de Israel (la venida del Mesías). ¿Era solo coincidencia que *Yosef* y *Miryam* encontraron a este sacerdote justo, o puede ser que lo buscaron sabiendo que él era un Cóhen con una visión "mesiánica"?

De acuerdo a la tradición antigua, la pareja joven puso a su hijo en los brazos del sacerdote que hizo preguntas relacionadas a su deseo de rescatar el niño. Mientras la monedas eran cambiadas, el Cóhen "bendeciría a Dios" con las bendiciones tradicionales. *Yosef* y *Miryam* se asombraron cuando escucharon el sacerdote agregar un poco de sus propios comentarios proféticos inspirados por el *Rúaj HaKódesh*. Este hijo sería *yeshú'a* (un juego de palabras del nombre "Yeshúa"), la salvación para muchos en Israel y una luz para los gentiles.

Parece que *Yosef* y *Miryam* ciertamente les sacaron más valor a las cinco monedas cuando les habló el sacerdote:

> [Shim'on] les dio su bendición y le dijo a [Miryam], la madre de [Yeshúa]:
>
> > "Este niño está destinado a causar la caída y el levantamiento de muchos en Israel, y a crear mucha oposición, a fin de que se manifiesten las intenciones de muchos corazones. En cuanto a ti, una espada te atravesará el alma" (Lucas 2:34-35).

Que emocionante debió haber sido ser un testigo de esta ceremonia de *pidión ha'ben*. Este hijo en particular sería presentado a todo Israel como el Mesías. Naturalmente, muchos se regocijarían con este acontecimiento y bendecirían a Dios por su fidelidad a sus pactos (ver Lucas 2:36-38). Sin embargo, este hijo ciertamente sería controversial de entre muchos de Israel. El corazón de *Miryam* seria atravesado emocionalmente cuando viera la división entre su propio pueblo mientras discutían los reclamos mesiánicos de su hijo, Yeshúa de *Natzeret*.

Esta profecía de *Shim'on* ciertamente se ha comprobado. Aún hoy, Yeshúa es una fuente de controversia y división en la casa de Israel. Mientras es verdad que muchos dentro de la nación han rechazado sus proclamaciones claras de ser el Mesías, siempre ha sido una decisión dividida. Muchos otros judíos (incluyendo aproximadamente 200,000 hoy) han aceptado a Yeshúa. Hay un remanente prospero de judíos mesiánicos hoy que sirven como un testimonio que Yeshúa a traído salvación espiritual a todos que llamen su nombre.

Es apropiado que la primera presentación de Yeshúa al pueblo judío fue en Jerusalén en su ceremonia de *pidión ha'ben*. El que traería la redención espiritual por medio de su muerte y resurrección se sometió a esta costumbre establecida por Dios. La redención del Mesías fue la mejor lección aprendida del *pidión ha'ben*, como escribió el discípulo judío *Shim'on Kefa* ("Simón Pedro"):

> Como bien saben, ustedes fueron rescatados de la vida absurda que heredaron de sus antepasados. El precio de su rescate no se pagó con cosas perecederas, como el oro o la plata, sino con la preciosa sangre [del Mesías], como de un cordero sin mancha y sin defecto (1 Pedro 1:18-19).

Este es el cumplimiento final de lo que simboliza el *pidión ha'ben*. Tal como fue rescatado el pueblo judío físicamente de la esclavitud de Egipto, así también son rescatados los que creen en el Mesías de Dios de la esclavitud espiritual. Los creyentes en Yeshúa han sido comprados, no solo con los cinco siclos, pero con la misma sangre del Mesías. Ahora los creyentes son redimidos para caminar en novedad de vida.

Toda persona debe preguntarse si ha recibido ese regalo de redención y si están caminando en la nueva vida que Mesías les compró. Que todo creyente aprecie las lecciones espirituales ilustradas en *pidión ha'ben* cuando caminen con el que los ha redimido, *Yeshúa HaMashíaj*.

Una guía practica para una ceremonia de Pidión Ha'ben mesiánica

Lo siguiente es una ceremonia sugerida que puede ser adaptada para corresponder con los deseos y las convicciones de los padres. Las lecciones espirituales y la libertad en el *Rúaj Hakódesh* son las reglas aconsejadas más importantes.

Introducción

Sería bueno que el Cóhen dé un fondo general de esta ceremonia y lo que significa para los creyentes en Yeshúa el Mesías.

El padre le da su hijo al Cóhen designado y dice lo siguiente:

> Este es el primogénito de su madre, y Dios nos ha dirigido a redimirlo, como está escrito en la Torá.

El padre lee Éxodo 13:11-15 y pone cinco monedas plateadas en su mano.

El Cóhen dice:

Cual prefieres, ¿darme tu hijo o rescatarlo?

El padre dice:

Deseo rescatarlo con lo equivalente de cinco siclos y así cumplir con mi obligación en la Torá.

El padre lee Números 18:15-16.

El Cóhen acepta el pago para redención y regresa el hijo a los brazos del padre mientras el padre dice:

Baruj atá Adonay, eloheinu mélej ha'olám, asher kidshanu b'mitzvotav v'tzivanu al pidión ha'ben. Amén.

Bendito eres Tú, oh Señor, nuestro Dios, Rey del Universo, que nos ha santificado con sus preceptos y nos ha ordenado en lo concerniente al rescate de un hijo.

El padre y la madre le dan gracias a Dios por el regalo de vida nueva confiado a ellos:

Baruj atá Adonay, eloheinu mélej ha'olám, shehejeyanu v'kimanu v'higuianu lazman ha'zé. Amén.

Bendito eres Tú, oh Señor, nuestro Dios, Rey del universo, que nos ha mantenido con vida, nos sostuvo y nos ha permitido llegar a esta ocasión. Amén. (Algunos creyentes mesiánicos agregan "b'shem Yeshúa HaMashíaj, en el nombre de Yeshúa el Mesías").

Mientras el Cóhen sostiene las monedas, hace la declaración que sigue:

Acepto los cinco siclos y por la presente declaro su hijo rescatado. Que se le conceda una vida llena y bendita, viviendo en devoción a nuestro Dios. Que esta ceremonia de redención nos recuerde de nuestra necesidad por la *redención espiritual encontrada* en el Mesías, Yeshúa, así está escrito en el Nuevo Pacto.

El Cóhen lee 1 Pedro 1:17-21 y bendice el niño con lo siguiente:

Y'simjá elohim k'efraim v'jim-nashé.

Dios te haga como Efraín y como Manases (Génesis 48:20).

Y'varej'ja Adonay v'yishm'reja, yaér Adonay panáv eleja viju-neja, yisa Adonay panáv eleja v'yasem l'ja shalom.

Que el Señor te bendiga y te proteja. Que el Señor ilumine Su faz sobre ti y te dé gracia. Que el Señor dirija Su faz hacia ti y te establezca paz.

¡Mazal Tov! ¡Felicitaciones por este hijo con el cual Dios los ha bendecido!

Para celebrar la ocasión, una comida gozosa se puede llevar a cabo después de la ceremonia.

3

Bar/Bat Mitzvá

El/la hijo/hija del mandamiento

Antecedentes históricos

> Hijo mío, si haces tuyas mis palabras
> y atesoras mis mandamientos;
> si tu oído inclinas a la sabiduría
> y de corazón te entregas a la inteligencia;
> si llamas a la inteligencia
> y pides discernimiento;
> si la buscas como a la plata,
> como a un tesoro escondido,
> entonces comprenderás el temor del Señor
> y hallarás el conocimiento de Dios (Proverbios 2:1-5).

Una de las costumbres más conocidas del pueblo judío es el de *Bar/Bat Mitzvá*. Aunque uno sea o no sea de origen judío, la mayoría de gente reconoce que el *Bar/Bat Mitzvá* es un paso importante en la vida un niño judío. Como el nombre hebreo/

arameo implica (*bar* en arameo es "hijo"; *bat* en hebreo es "hija"; *mitzvá* en hebreo es "mandamiento"), este es un hito en la vida de un niño judío. Es un tiempo cuando el niño toma responsabilidad por la vida religiosa de él/ella. Es considerada la edad bíblica de responsabilidad. El niño cruza el intervalo precario entre la niñez y la adolescencia, con sus obligaciones requeridas.

El fondo histórico de la costumbre del *Bar/Bat Mitzvá* es algo más difícil de averiguar que muchas de las otras tradiciones. Esto es principalmente porque no hay referencia a la ceremonia en las Escrituras Hebreas. Sin embargo, hay docenas de versículos que apoyan la idea que hay una edad de responsabilidad a los mandamientos del Señor. Algunos lo pensaran irónico que el relato más detallado de un *Bar Mitzvá* en la Biblia actualmente está en el Nuevo Testamento, en la ceremonia del *Bar Mitzvá* para Mesías Yeshúa.

Sin embargo, mucho se puede aprender de las escrituras históricas de los rabinos, por sus varios comentarios sobre las Escrituras. Los rabinos antiguos consideraban que la edad de 12 o 13 era tanto la edad de responsabilidad como la edad de madurez física. En este tiempo, el niño es responsable por empezar a observar ciertos mandamientos y obligaciones, como la celebración las fiestas de la Torá (ver *Talmud Babilonio*, Kidushin 16b). Hasta aquel tiempo, los padres toman la responsabilidad completa por las acciones del niño, que incluyen los votos, los problemas disciplinarios y el entrenamiento religioso (*Talmud Palestino*, Nedarim 5:6). De le edad de 12 años (algunos dicen 13), esta relación empieza a cambiar. Otra cita talmúdica declara que este tiempo de transición de la vida hace al niño un *Bar Mitzvá* (*Talmud babilonio*, Pirke Avot 5:24).

Aunque se debatía el tiempo exacto de este cambio en obligaciones, el Talmud hace la recomendación que el niño comience a observar las fiestas el año anterior de volverse un *Bar Mitzvá* (*Talmud babilonio*, Yoma 82a). Los comentarios antiguos notan que, en los días del Templo en Jerusalén, el niño o la niña se aparecía ante los rabinos para una bendición especial (*Talmud palestino*, Sofrim 18:7).

Parece que la ceremonia oficial, ahora llamada un *Bar Mitzvá*, no se hizo rutinaria hasta la edad media. De la edad de 13 años, un niño judío hubiera completado sus estudios tempranos de hebreo y religión, y por lo tanto hubiera comenzado a participar en el servicio Sabático de la sinagoga para cumplir con este requisito. Una adaptación moderna les da el mismo honor a niñas, normalmente a la edad de 12 años, puesto que es presumido que ellas maduran con más rapidez que sus homólogos masculinos.

El propósito principal de la ceremonia del *Bar/Bat Mitzvá* debería ser una iniciación oficial a la adolescencia y a las obligaciones religiosas judías.

Observancia judía tradicional

Preparando para una transición de vida como esta no ocurre de la noche a la mañana. Ciertamente, la mayoría de niños judíos pasan varios años en la sinagoga y en estudios de escuela hebrea, trabajando gradualmente hacia la meta de llegar a ser un/una *Bar/Bat Mitzvá*. Este curso de estudios incluye el lenguaje hebreo, pero es suplementado con frecuencia con estudios de la historia hebrea, la tradición y la Biblia. Los años de preparación son culminados con la ceremonia de *Bar/Bat Mitzvá* en un servicio especial de la sinagoga el Sábado más cercano al decimotercero cumpleaños del niño (duodécimo para niñas).

La ceremonia actual es bastante bella y significante. Simbólico de las responsabilidades de él/ella, el niño o la niña es preparado para realmente conducir una parte significante del servicio de la sinagoga. Específicamente, el niño ha amaestrado varias partes del servicio litúrgico que, dependiendo de las capacidades del estudiante joven, incluirá plegarias hebreas como la *Sh'ma* (Deuteronomio 6:4), la *Amidá* (18 Bendiciones) y varios Salmos. En adición al conducir de una parte del servicio, el/la *Bar/Bat Mitzvá* también canta la lectura semanal tradicional de la Torá y los Profetas.

Inmediatamente antes de las lecturas de las Escrituras, se le es dado al niño un honor muy especial. El cantor, o el padre del niño, abre el arca que contiene el pergamino de la Torá y lo pone en los brazos del *Bar/Bat Mitzvá*. Después que las bendiciones apropiadas sean cantadas, una procesión sagrada comienza cuando el niño camina con el rollo en sus brazos por las hileras de la sinagoga. Es común que la gente enseñe su reverencia a la Palabra de Dios extendiendo y tocando la mantilla que cubre la Torá con sus *talitot* (manto de oraciones) o sus *sidurim* (libros de oraciones). Los congregados se mantienen mirando hacia la dirección en la cual esté la Torá por respeto a la Palabra de Dios, mientras el/la *Bar/Bat Mitzvá* marcha hacia la *bimá* (pulpito o plataforma). La Torá se abre y el/la *Bar/Bat Mitzvá* canta las bendiciones de apertura:

> *Baruj atá Adonay, eloheinu mélej ha'olám, asher bajár banú ha'amim, v'natán lanu et torato. Baruj atá Adonay, notein ha'torá. Amén.*

> Bendito eres Tú, oh Señor, nuestro Dios, Rey del universo, que nos ha escogido de entre todos los pueblos y nos dio Su Torá. Bendito eres Tú, oh Señor, Dador de la Torá. Amén.

La porción semanal de la Torá es tradicionalmente bendecida por siete lectores, cada uno bendiciendo una sección de la lectura. Esto sería seguido por el/la *Bar/Bat Mitzvá*, que otorga las bendiciones y entonces lee de la Torá. El niño no solo lee el pasaje en hebreo (que es lo suficiente desafiador), pero también canta las notas musicales que acompañan la lectura, llamado el cántico. Se cree que estás melodías se originan del tiempo de Moisés (ver Deuteronomio 31:19-22), y fueron codificadas al texto Masoreta de las Escrituras Hebreas.

Cuando termina la lectura del pergamino de la Torá, el/la *Bar/Bat Mitzvá* canta la bendición que sigue:

> *Baruj atá Adonay, eloheinu mélej ha'olám, asher natán lanu torat emét, v'jayei olám natá b'tojeinu. Baruj atá Adonay, notein ha'torá. Amén.*

> Bendito eres Tú, oh Señor, nuestro Dios, Rey del universo, que nos dio la Torá de verdad e implantó vida eterna dentro de nosotros. Bendito eres Tú, oh Señor, Dador de la Torá. Amén.

La lectura de la *Haftará* (del verbo *l'haftir*, "despedir") es llamada el *maftir* (del mismo verbo), porque ocurre cerca del final del servicio de la sinagoga. La *Haftará* es una selección de las escrituras proféticas que elucidan a un tema encontrado en la porción de la Torá. La lectura comienza con los últimos tres versículos de la porción de la Torá para evitar la impresión que la *Haftará* es igual en importancia a la Torá y merecida de su propio lector. El niño de Bar/Bat Mitzvá lee estos versículos de *maftir* en la Torá, otorga la bendición final, y procede a la *Haftará*. El niño tiene un reto especial, cuando él o ella debe leer el hebreo agregado y cantar un cántico exclusivamente para la lectura profética. Antes que el lector comience esta ultima sección, la bendición que sigue es cantada:

> *Baruj atá Adonay, eloheinu mélej ha'olám, asher bajar binvi'im tovim, v'ratzá b'divreihem ha'ne'emarim be'emét. Baruj atá Adonay, ha'bojeir ba'torá uvmoshé uvyisrael amó, uvinvi'ei ha'emet va'tzedek. Amén.*

> Bendito eres Tú, oh Señor, nuestro Dios, Rey del universo, que ha elegido buenos profetas y se complació con sus palabras que pronunciaron con sinceridad. Bendito eres Tú, oh Señor, que elige la Torá; a Moshé, Su siervo; a Israel, Su nación; y a los profetas de la verdad y la rectitud. Amén.

Todo ojo está fijado en el niño de *Bar/Bat Mitzvá* cuando él o ella canta la lectura tradicional de los Profetas. Después que la lectura (que puede ser tan corta como algunos versículos o tan larga como dos capítulos) sea finalizada, el niño canta la bendición final para la porción de la *Haftará*. Esta es muy larga para citar aquí (referir a Scherman, *La edición del consejo rabínico de américa del sidur rollo de arte* [Inglés] –ver bibliografía—o cualquier otro *sidur* tradicional), pero incluye tales pensamientos como bendiciendo a Dios por su fidelidad, su misericordia a Sion e incluso una oración por la venida de Élias para que anuncie los días de Mesías.

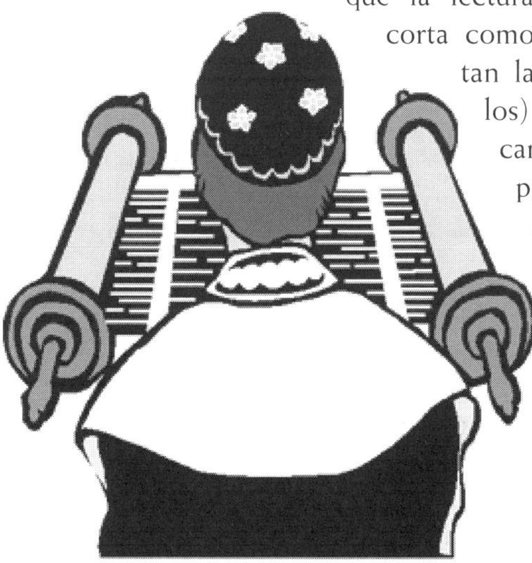

Habiendo cumplido su tarea principal de cantar la Escrituras, el niño presenta la última parte de la ceremonia –la *drashá* ("sermón" o "enseñanza"). Ésta es generalmente conocida como el discurso de *Bar/Bat Mitzvá* donde el niño da un mini-sermón y les da gracias a sus parientes y conocidos por participar en esta ocasión gozosa. El niño comenta sobre las escrituras y cómo el pasaje es significativo a la vida de él o ella. Es algo inspirador escuchar tales comentarios de un adolescente.

La ceremonia típicamente finaliza con los saludos y las felicitaciones de parientes y conocidos. La sinagoga podrá hacerle varias presentaciones al niño (p. ej., certificados, un manto de oraciones [para niños], o una Biblia). Las niñas generalmente reciben su primer par de candeleros. Asiduamente, el servicio de la sinagoga es seguido por una recepción o una fiesta en honor del nuevo *Bar/Bat Mitzvá*. Regalos, comida y bailes folclóricos israelitas normalmente abundan para celebrar el gozo de esta ocasión, de hacerse un hijo o una hija del mandamiento.

Pertinencia al Nuevo Testamento

Como fue mencionado anteriormente, la ceremonia del *Bar/Bat Mitzvá* no se encuentra específicamente en las Escrituras Hebreas. Sin embargo, los comentarios rabínicos contienen muchas referencias a una ceremonia que marca la edad de la responsabilidad. Sorprendentemente, el relato más claro de una ceremonia de *Bar Mitzvá* antiguo se encuentra en otro libro judío –el Nuevo Testamento.

> Los padres de [Yeshúa] subían todos los años a [Yerushalayim] para la fiesta [del Pesaj]. Cuando cumplió doce años, fueron allá según era la costumbre. Terminada la fiesta, emprendieron el viaje de regreso, pero el niño [Yeshúa] se había quedado en [Yerushalayim], sin que sus padres se dieran cuenta. Ellos pensando que él estaba entre el grupo de viajeros, hicieron un día de camino mientras lo buscaban los parientes y conocidos. Al no encontrarlo,

> volvieron a [Yerushalayim] en busca de él. Al cabo de tres días lo encontraron en el [Templo], sentado entre los maestros, escuchándolos y haciéndoles preguntas. Todos los que le oían se asombraban de su inteligencia y de sus respuestas (Lucas 2:41-47).

Esta ceremonia de *Bar Mitzvá* debería haber sido muy importante para los escritores del Nuevo Testamento, ya que éste es el único acontecimiento registrado de los años más tardes de la niñez de Yeshúa. No es cualquier coincidencia que ocurrió a la edad de los doce años cuando, de acuerdo a la tradición, un hijo era responsable por observar las fiestas judías. De modo que, *Yosef* y *Miryam* viajaron a Jerusalén con su hijo para celebrar la Pascua y prepararlo para los deberes de ser un *Bar Mitzvá*.

Sin embargo, este *Bar Mitzvá* resultó ser muy diferente de lo ordinario. Cuando la familia regreso por caravana hacia su cuidad natal de *Natzeret*, los padres no realizaron que su hijo, Yeshúa, se había quedado en el Templo. Cuando por fin lo encontraron, lo encontraron donde estaría cualquier niño *Bar Mitzvá* –recibiendo la bendición de los rabinos, común en la tradición antigua. Les llamó la atención a todos que este estudiante particular estaba asombrando hasta los rabinos con la sabiduría de su *drashá* ("enseñanza"). Seguramente este niño *Bar Mitzvá* era algo especial, uno que más tarde se proclamaría el Mesías.

Mientras muchos de los elementos de un *Bar Mitzvá* tradicional se pueden ver en este relato del primer siglo, éste fue un *Bar Mitzvá* inolvidable. Yeshúa es el ejemplo perfecto de lo que debería ser un *Bar Mitzvá*. Tal como es notado en el Nuevo Testamento:

> Aunque era Hijo, mediante el sufrimiento aprendió a obedecer, y consumada su perfección, llegó a ser autor de salvación eterna para todos los que lo obedecen (Judíos Mesiánicos [Hebreos] 5:8-9).

Que asombroso es realizar que Yeshúa ha sido el único *Bar Mitzvá* perfecto en la historia de Israel. Él ha completado la Torá entera en nombre de los que creen en él.

Una guía práctica para una ceremonia de Bar/Bat Mitzvá mesiánica

Lo siguiente es una orden de servicio sugerida basada sobre la historia de, y la comprensión del Nuevo Testamento sobre, la ceremonia del *Bar/Bat Mitzvá*. Muchos de estos elementos se encuentran en la ceremonia judía tradicional. La distinción de una ceremonia mesiánica es que debería reflejar el compromiso personal del niño a Yeshúa. Mientras esta ceremonia debería tomar lugar en casa o en otro edificio, una congregación mesiánica parece ser la expresión más natural para este tipo de servicio.

Con frecuencia, los creyentes judíos esperan hasta el último minuto para decirle al líder de su congregación del *Bar/Bat Mitzvá* de su niño o niña. Aunque es encomiable que la familia tenga deseo de seguir en la tradición de *Bar/Bat Mitzvá*, una ceremonia como esta no es algo para tomar levemente. En adición a ser un tiempo de compromiso personal, la ceremonia de *Bar/Bat Mitzvá* es también un tiempo donde se hace un compromiso a una comunidad religiosa entera (en este caso la comunidad mesiánica). El dicho "se necesita un pueblo entero para criar a un niño" es por cierto el significado de *Bar/Bat Mitzvá*. La ceremonia no refleja un compromiso de un día, ni aun de un año, pero es una declaración de su filosofía personal de la vida. De manera que, la familia necesita hacer un compromiso, mucho antes del tiempo de la ceremonia, a la congregación local. Cada familia debe consultar a su líder mesiánico local para consejo.

El servicio de culto que sigue ha trabajado bien en la congregación del autor, *Kehilat Ariel*:

ALABANZA POR MEDIO DE LA MÚSICA Y LA DANZA

ALABANZA POR MEDIO DE LA LITURGIA TRADICIONAL

(Fischer y Bronstein, Sidur para Judíos Mesiánicos [Inglés] es sumamente recomendado; ver Conclusión para información de cómo obtenerlo)

Salmos Introductorios
Baruj/Sh'ma
Lectura mesiánica o una lectura del Nuevo Testamento
Ceremonia de *Bar/Bat Mitzvá*

El/la niño/a es llamado/a al arca al empiezo del servicio de la Torá. Después de las bendiciones apropiadas, el/la *Bar/Bat Mitzvá* dirige la procesión de la Torá por la congregación.

Las bendiciones de la Torá son cantadas.

La porción de la Torá es cantada. Es tradicional tener siete *aliyot* ("subidas" a la *bimá*), con el *Bar/Bat Mitzvá* como el lector octavo. Sin embargo, puede ser más sencillo si el *Bar/Bat Mitzvá* es el único lector.

Las bendiciones de la *Haftará* son cantadas.

La porción de la *Haftará* (de los Profetas) son cantadas. El número de versículos cantados de la Torá como en la *Haftará* deberían representar la capacidad del niño. Es mucho mejor cantar correctamente cinco versículos en hebreo que hacer un trabajo descuidado de cincuenta versículos.

Después que la sección de la *Haftará* sea cantada, el Bar/Bat Mitzvá comunica su *drashá* (enseñanza corta/discurso). Durante el recorrido de su discurso, el/la niño/a debería dar un testimonio personal de su fe en Mesías. Este es un gran paso en cumplir nuevos deberes religiosos.

Presentaciones de la Sinagoga

Esto puede incluir un certificado y otros regalos religiosos de la escuela sabática o de la familia de feligreses. Mazal Tov y otras felicitaciones se expresan en éste momento.

Mensaje del Líder

Es con frecuencia un tiempo ideal, especialmente con las visitas e invitados, para seguir la ceremonia con un mensaje más expansivo sobre el tema del texto.

Oración y Canción Final

Kidush

Las bendiciones sobre el vino y la jalá (pan sabático). Estos pueden ser seguidos por un oneg especial (celebración gozosa) con refrescos en la sala de la congregación o sala de recepción.

Que todo creyente tenga una ceremonia bendita en Mesías Yeshúa. Que todo creyente enseñe su amor para Yeshúa volviéndose mejores hijos e hijas de sus mandamientos (ver Juan 14:15).

4

La boda judía

Antecedentes históricos

Así dice el Señor: "Ustedes dicen que este lugar está en ruinas, sin gente ni animales. Sin embargo, en las ciudades de Judá y en las calles de Jerusalén, que están desoladas y sin gente ni animales, se oirá de nuevo el grito de gozo y alegría, el canto del novio y de la novia, y la voz de los que traen a la casa del Señor ofrendas de acción de gracias y cantan:

> 'Den gracias al Señor Todopoderoso,
> porque el Señor es bueno,
> porque su amor es eterno.'
> Yo cambiaré la suerte de este país –afirma el Señor-, y volverá a ser como al principio» (Jeremías 33:10-11).

De todas las costumbres establecidas por Dios, es posible que no haya una tan gozosa como la boda judía. ¡Es una *simjá* (ocasión gozosa) que no se querrá perder! Por su puesto, es lo suficiente gozoso solo ser testigo al pacto entre un hombre y una mujer quienes se aman. Cuando se agregan la familia, la comida, la música y el baile, es difícil encontrar una celebración más exuberante.

Mientras una boda en cualquier cultura es una bendición, hay algunas lecciones únicas por ser aprendidas de la ceremonia de la boda bíblica/judía, en particular. Los rituales antiguos asociados con esta costumbre son abundantes en verdades espirituales que les recuerdan a Israel de su pacto con Dios y el amor de él por ellos.

Esta costumbre establecida por Dios puede ser examinada en tres partes de las cuales se hablan en la tradición judía.

Shidujin

El periodo de *shidujin* es el primer paso en el proceso del matrimonio y se refiere a los arreglos preliminares del compromiso legal. Durante los tiempos bíblicos, el primer paso importante era el "arreglo." Era común en la tradición antigua que el padre del novio seleccionara una novia para su hijo aún en su infancia. Con frecuencia, el matrimonio era visto como una conexión familiar expediente o incluso una alianza política; por lo tanto, lo que se llamaría amor era generalmente un asunto secundario. Una ilustración excelente del proceso del matrimonio bíblico se encuentra en los primeros capítulos de la Torá, acerca de la vida del patriarca Isaac.

> Abraham estaba ya entrado en años, y el Señor lo había bendecido en todo. Un día, Abraham le dijo al criado más antiguo de su casa, que era quien le administraba todos sus bienes: -Pon tu mano debajo de mi muslo, y júrame por el Señor, el Dios del cielo y de la tierra, que no tomarás de esta tierra de Canaán, donde yo habito, una mujer para mi hijo Isaac, sino que irás a mi tierra, donde vive mi familia, y de allí le escogerás una esposa (Génesis 24:1-4).

Éste es un ejemplo clásico de la iniciación del *shidujin* del hijo de Abraham. Aunque esto se consideraba la responsabilidad del padre, la mayoría del tiempo no era práctico. Por lo tanto, el padre podía delegar esta responsabilidad en la designación de un representante. En este caso, Abraham envió su propio criado en una jornada para adquirirle una novia a su hijo de los miembros de su propia tribu semita. A través de las generaciones, esta persona se conocía como el *shadján* ("casamentero"). Esto puede sonarle familiar al que haya visto *El Violinista En el Tejado*.

En cuando conoció a la bella Rebeca, el criado enviado por Abraham claramente vió la mano de Dios. Convencido de la selección adecuada, el criado procedió al próximo paso del *shidujin*, que se llama la *ketubá* ("escrito"). La *ketubá* incluye las provisiones y las condiciones propuestas para el matrimonio. Éste se podría llamar el primer tratado prenupcial o, más apropiadamente, el contrato matrimonial. En este documento hebreo, el novio promete apoyar a su prometida, mientras la novia estipula los contenidos de su dote (estado financiero). Esto es marcado en el relato del criado de Abraham, con respecto a Rebeca. Después de hablar con Labán (el hermano de Rebeca), el criado reaccionó de esta manera:

> Al escuchar esto, el criado de Abraham se postró en tierra delante del Señor. Luego sacó joyas de oro y de plata, y vestidos, y se los dio a Rebeca. También entregó regalos a su hermano y a su madre (Génesis 24:52-53).

A pesar que éste era un matrimonio arreglado, parece ser claro que el consentimiento de la novia era una cláusula de contingencia importante. Esto es evidenciado cuando el criado le pregunta a Abraham "¿Qué pasa si la mujer no está dispuesta a venir conmigo a esta tierra?" (Génesis 24:5). Afortunadamente, en el caso de Rebeca, ella acordó con las condiciones de la *ketubá* (Génesis 24:58).

En la preparación para la ceremonia de compromiso, era común que la novia y el novio tomarán una inmersión ritual en agua (*mikvé*) separados. Esta inmersión ritual en agua (*mikvé*) siempre fue simbólico de la purificación espiritual.

Erusin (Compromiso)

Después de la *mikvé*, la pareja aparecía debajo de la *jupá* ("dosel") en una ceremonia pública para expresar su intención de comprometerse.

Mientras *erusin* significa "compromiso," una palabra secundaria es asociada con frecuencia con este periodo es *kidushin* ("santificación" o "apartado"). Este término secundario describe específicamente lo que significa este periodo de compromiso; que es, apartándose para otra persona para el pacto del matrimonio. *Kidushin* también se refiere a la ceremonia actual de *erusin*, la cual toma lugar debajo de una *jupá*.

Desde el tiempo antiguo, el dosel matrimonial ha sido un símbolo de la preparación de un nuevo hogar (ver Salmos 19:5; Joel 2:16). Durante la ceremonia, algunos artículos de valor eran cambiados (p. ej., anillos) y se compartía una copa de vino para sellar los votos del *erusin*.

Después de esta ceremonia de la *jupá*, la pareja era considerada entrada completamente en el contrato de *erusin*. El periodo de *erusin* continuaría por un año. Durante este tiempo, la pareja era considerada casada en el sentido moderno de la palabra, pero no se les permitía convivir hasta el fin del *erusin*. Consecuentemente, no hubo relaciones sexuales durante este tiempo y la pareja vivía en domicilios separados.

El periodo de compromiso es caracterizado en la historia de Isaac, en el intervalo de tiempo entre la aceptación por Rebeca y su matrimonio actual en Canaán.

La comprensión judía de *erusin* siempre ha sido más fuerte que nuestra comprensión moderna del noviazgo. El *erusin* era tan vinculante que la pareja necesitaría un divorcio religioso (*guet*) para anular el contrato (ver Deuteronomio 24:1-4). La opción del *guet* era disponible solamente para el esposo, como la esposa no tenía un decir en cualquier procedimiento de divorcio.

Tanto el novio como la novia tenían sus responsabilidades respectivas durante éste periodo de compromiso. El novio usaría este periodo como un tiempo de preparación. Como la *jupá* simbolizaba un nuevo hogar, igualmente el novio enfocaría en la preparación de un nuevo domicilio para su novia y, con esperanza, los niños que seguirían. En los tiempos bíblicos, esto se realizaba simplemente por la adición de otro cuarto a la vivienda existente de la familia.

Mientras el novio preparaba el domicilio durante el periodo comprometido de un año, la novia se mantenía ocupada con sus tareas. Específicamente, la novia enfocaría en su preparación personal mientras se acercaba el día de la boda. Vestidos bellos se coserían como un símbolo de la ocasión gozosa porvenir. Aun más importante, la novia se consagraría en el espíritu verdadero del tiempo de compromiso. Tanto para el novio como para la novia, sería un año de introspección y contemplación, alistándose para este pacto de matrimonio muy sagrado.

Nesuin (Matrimonio)

El paso culminante en el proceso de la ceremonia matrimonial judía es conocido como *nesuin*. Esto es basado sobre el verbo hebreo *nasa*, que literalmente significa "cargar." *Nesuin* era una descripción suficiente grafica, pues la novia esperaba que el novio la cargara hacia su nuevo hogar. Había una gran anticipación mientras la novia esperaba la llegada de su comprometido. Esto era lo previsto, especialmente cuando se considera un elemento único a la boda judía bíblica; que es, el momento de la llegada del novio (y consecuentemente el séquito nupcial entero) seria una sorpresa. Cualquier novia que tomaba seriamente el periodo de compromiso estuviera esperando el novio al final del año. Sin embargo, la hora exacta de la ceremonia no era cierta, como era el padre del novio que daba el apruebo final para empezar el *nesuin*.

De manera que, la novia y el séquito nupcial estarían vigilando y esperando ansiosamente para el momento exacto. Aun tarde por la noche, el séquito nupcial tenía que mantener sus lámparas de aceite alumbradas en caso que empezara la boda. ¿Cómo iban a saber que el tiempo había llegado? Una costumbre era que un miembro del grupo del novio dirigía el cortejo del novio a la casa de la novia, y gritaba "Vean, ¡el novio viene!" Esto seria seguido por el sonido del *shofar* (cuerno de un carnero), el cual se usaba para proclamar los días santos y eventos especiales judíos.

Con el sonido del *shofar*, el novio dirigiría una procesión por las calles de la aldea hacia la casa de la novia. El cortejo del novio entonces cargaría (*nesuin*) la novia a la casa del novio donde una *jupá* ("dosel") se había erigido nuevamente. La pareja nuevamente, tal como lo habían hecho el año anterior, pronunciaría una bendición sobre la copa de vino (un símbolo de gozo). Esta copa claramente era distinguida de la copa anterior, como es reflejado en los *sheva b'rajot* ("siete bendiciones") que la acompañaban. Esta segunda etapa de la ceremonia de la *jupá*, como se encuentra en la costumbre del *nesuin*, sirve como una finalización de las promesas y los votos anteriores. Lo que se prometió en la ceremonia de *erusin* ahora se consumaría en la ceremonia de *nesuin*. Por la primera vez, la pareja era libre a consumar su matrimonio con relaciones sexuales y convivencia como esposo y esposa (ver Génesis 24:66-67).

El pináculo de esta celebración gozosa era la cena matrimonial. Más que una comida para todos los invitados, incluía siete días enteros de comida, música, danza y celebración (ver Jueces 14:10-12). Después de todas las festividades maravillosas, el esposo nuevo era libre a traer su esposa a su nuevo hogar y a vivir juntos dentro del pacto completo del matrimonio.

Observancia judía tradicional

Desde los días de Abraham, ésta ha sido la estructura de la ceremonia de la boda judía. Muchas de las costumbres básicas todavía se incluyen en la observancia judía moderna. Sea en Jerusalén, en Londres o en San Diego, es fácil reconocer el hilo común de conexión a la Torá. Actualmente, muchas de estas tradiciones y elementos bíblicos se encuentran en otras ceremonias no-judías alrededor del mundo.

La observancia moderna de la ceremonia matrimonial se ha evolucionado a través de los años para incluir algunas adiciones interesantes. Cada aspecto es diseñado a recordarnos de algún elemento de verdad espiritual importante a la historia y la cultura judía. El cambio más aparente de la ceremonia judía moderna es que ahora no hay un intervalo entre las ceremonias del *erusin* y del *nesuin*. Algunos eruditos trazan este cambio a la Edad Media donde, debido al peligro a la comunidad judía, no había garantía que tanto el novio como la novia sobrevivirían el intervalo de un año. Por lo tanto, las dos partes separadas de la ceremonia de la jupá se combinaron en una ceremonia con mucho del mismo simbolismo, ilustrando el *erusin* y el *nesuin*.

Hoy, una estructura bastante estándar para la boda judía incluye el *erusin* y el *nesuin*. De acuerdo con el simbolismo del *erusin*, la primera parte de la ceremonia en realidad se lleva a cabo antes de la parte principal de la boda. Este es el firmar de la *ketubá*, el cual normalmente ocurre minutos antes de la procesión. La *ketubá* moderna se adhiere a la forma hebrea e aramea antigua, aunque las traducciones en español varían. En los grupos de judíos ortodoxos (especialmente dentro de la tierra de Israel), la *ketubá* se considera un documento legal vinculante que incluso se pudiera someter a las cortes como prueba. Sin embargo, la mayoría de las bodas judías toman lugar fuera de Israel, donde la *ketubá* es una costumbre importante pero estrictamente simbólica. El documento vinculante en tales casos es la licencia matrimonial expedida por el gobierno local.

En un cuarto privado con el rabino y por lo menos dos testigos, la novia y el novio firman la *ketubá*. En comparación, es generalmente tabú que el novio vea la novia antes de la ceremonia matrimonial "cristiana." Sin embargo, en la ceremonia judía, en realidad es un requisito que el novio vea su novia antes de firmar la *ketubá*. ¿Por qué es esto? Un novio judío por nombre de Jacob no inspeccionó adecuadamente debajo del velo de su novia y en realidad se quedó con la mujer equivocada (ver Génesis 29:25). Parece que los futuros novios judíos

han aprendido de esta lección triste y ¡se aseguran que tienen la novia correcta!

Mientras algunas comunidades judías antiguas pueden adherir a algunas prácticas culturales tempranas, la mayoría de las comunidades empiezan la ceremonia matrimonial actual con una procesión sencilla. Es digno de atención que algunos grupos (p. ej., aquellos de Irán y Yemen) han continuado la costumbre de los matrimonios arreglados. Después de firmar le *ketubá*, se erige la *jupá* en el lugar donde se llevará a cabo la boda. Esta pudiera ser un dosel independiente soportado con bases o un dosel con cuatro palos soportados a mano. El techo de la *jupá* pudiera ser hecho de tela adornada especial o de un manto de oraciones tradicional. Este es el punto focal al cual marcha la procesión matrimonial. El primer en fila sería el rabino, seguido por los varios caballeros del novio y las damas de la novia. Todos toman sus lugares apropiados. El rabino esta debajo del centro de la *jupá* con el séquito nupcial estacionado por ambos lados del dosel.

Esta procesión representa la tradición antigua del novio recuperando a su novia de su casa. Antes que el novio comience su marcha, el rabino dice:

Baruj habá b'shem Adonay.

Bendito es el que llega en el nombre de el Señor.

En este momento, el novio es dirigido por sus padres hasta que estén enfrente de la *jupá*. Un hecho curioso es que el novio se alinea a la derecha del rabino. Esto es opuesto a las bodas "cristianas", donde los hombres se alinean al lado izquierdo. Es difícil saber si la comunidad no-judía hizo el cambio o si la comunidad judía lo hizo como una declaración de su distinción.

Todo ojo mira la entrada de la novia, con sus padres acompañándola. El rabino dice:

B'rujá haba'á b'shem Adonay.

Bendita es la que llega en el nombre de el Señor.

La novia hace su gran presentación, caminando majestuosamente hacia su comprometido. Cuando se reúnen enfrente de la *jupá*, la novia pudiera seguir la costumbre tradicional de circular el novio tres veces. Mientras esto se transpira, el rabino explica que esto es simbólico del compromiso triple mencionado en las Escrituras. Tal como Dios le habló a Israel por medio del profeta Óseas, "Yo te haré mi esposa para siempre; y te daré como dote el derecho y la justicia, el amor y la compasión. Te daré como fidelidad y entonces conocerás al Señor" (Óseas 2:19-20). La pareja se une cogidos del brazo como novia y novio debajo de la *jupá*.

El rabino comienza su discurso a la pareja con su parentesco y conocidos como testigos. Bendiciones hebreas se pueden otorgar u otras declaraciones introductorias hacia la importancia de la ocasión. El punto central es con frecuencia una *drashá* ("sermón") subrayando los valores espirituales del matrimonio.

La *drashá*, aun larga que sea, es seguida por la primera copa de vino. Esta copa es simbólica de la intención a entrar dentro la parte de *erusin* (compromiso) del pacto matrimonial. Entendiendo las estipulaciones de la *ketubá* (contrato), la pareja sella la primera parte del acuerdo con un sorbo de vino debajo de la *jupá*. El rabino canta la bendición tradicional:

> *Baruj atá Adonay, eloheinu mélej ha'olám, borei p'ri ha'gafen. Amén.*

> Bendito eres Tú, oh Señor, Rey del universo que crea el fruto de la vid. Amén.

Lo que sigue es añadido, en hebreo o en español:

> Bendito eres Tú, oh Señor, Rey del universo, que nos ha santificado con Sus preceptos y nos ha ordenado en lo concerniente a las relaciones prohibidas; que nos prohibió tomar mujeres desposadas y permitió mujeres con quienes contraemos nupcias a través de la jupá y del pacto sagrado del matrimonio. Bendito eres Tú, oh Señor, que santifica a Su pueblo Israel a través de la jupá y del pacto sagrado del matrimonio. Amén.

Cuando la copa de vino es tomada por la novia y el novio, simbólicamente entran al contrato completo del *erusin*. En contrasto a la ceremonia antigua, la estructura de la boda moderna hace una transición inmediata a la sección de *nesuin*. Muchas parejas encuentran un gran aliento en la reducción del año a la misma ceremonia de *jupá*. Igualmente, las dos partes distintas de la boda judía todavía son vistas claramente.

La ceremonia avanza a los votos que son cambiados por la novia y el novio. Esto puede ser una combinación del voto hebreo tradicional además de una declaración personal en español. Es en este momento que se traen los símbolos de los votos, acostumbradamente anillos de oro. Algunos grupos tradicionales creen que es demasiado ostentoso tener cualquier joya, entonces prefieren anillos metales sencillos. Puesto que el Talmud habla la adquisición de una esposa por el hombre, es solo el novio el que pronuncia el voto tradicional. Mientras él coloca el anillo en el dedo de su novia, el novio dice:

Harei at m'kudeshet li, b'taba'at zu, k'dat Moshé v'Yisraeil.

He aquí que eres consagrada a mí por medio de este anillo,
de acuerdo con la Ley de Moisés e Israel.

Como se han cambiado los votos públicamente ante testigos y se han cambiado los anillos, el rabino puede hacer la declaración que esta pareja ahora es oficialmente esposo y esposa. Sin embargo, todavía faltan algunos elementos significantes para el cumplimiento del *nesuin*.

Normalmente hay una lectura pública de la *ketubá*. Entonces el segundo vaso de vino es rellenado para los *sheva b'rajot* ("siete bendiciones"). Esta bella melodía hebrea alaba a Dios por sus muchas bendiciones, incluso la creación del hombre y de la mujer, la paz de Jerusalén y el gozo del pacto matrimonial. Al final de esta oración conmovedora, la pareja toma de la copa para simbolizar el cumplimiento de la ceremonia del *nesuin* (matrimonial).

Sin embargo, falta la costumbre conocida que se desarrolló más tarde –el quebrantar del vidrio. Se es dicho que esta costumbre fue empezada por un rabino de la edad talmúdica que, cuando observando todo el gozo de la fiesta matrimonial, de repente tiro una copa de vidrio al piso. Su punto era que

aun en tiempos de gran gozo, uno nunca puede olvidar el sufrimiento de Jerusalén y la destrucción del Templo (*Talmud Babilonio*, Berajot 31a). En la ceremonia moderna, el quebrantar del vidrio ocurre al final de la boda. Es un recuerdo igualmente amargo y dulce de la seriedad de la vida; pero, mientras el vidrio es pisoteado por el talón del novio, un grito jubiloso de *mazal tov* ("felicitaciones") resuena entre los reunidos. Después de un beso entre los recién casados, caminan gozosamente por la hilera al sonido de música celebradora. Esto es seguido por la cena y la recepción matrimonial, con comida, música y danza. ¡Que *simjá* (ocasión gozosa)!

Pertinencia al Nuevo Testamento

Hay muchas costumbres establecidas por Dios que son instrumentos de aprendizaje. La ceremonia matrimonial judía podrá ser la más rica de todas, entretejidas con muchas lecciones espirituales. Adicionalmente, muchos de los elementos de la ceremonia matrimonial tienen la intención de señalar al fin de todas las Escrituras, quien es Mesías Yeshúa (Gálatas 3:24).

De manera única, la ceremonia matrimonial judía (desigual a cualquier otra expresión cultural) es una ilustración detallada de la relación del Mesías con sus seguidores. Por tanto, no es asombroso que haya referencias numerosas en el Nuevo Testamento a la importancia de este evento del ciclo vital. Estas referencias ahora serán examinadas usando el marco de la ceremonia judía, comenzando con el periodo *shidujin*.

Shidujin

El *shidujin* comienza con la selección de la novia; igualmente, los creyentes en Yeshúa han sido escogidos como la novia de Yeshúa (ver Efesios 1:4). Es el padre del novio o, en algunos casos, un shadján ("casamentero") designado que hace la selección.

Saulo de Tarso (Pablo), un fariseo que se volvió un creyente en Yeshúa, hizo la siguiente observación del significado espiritual del *shidujin*:

> ¡Ojalá me aguanten unas cuantas tonterías! ¡Sí, aguántenmelas! El celo que siento por ustedes proviene de Dios, pues los tengo prometidos a un solo esposo, que es [Mesías], para presentarlos como una virgen pura (2 Corintios 11:1-2).

En este pasaje, Saulo exhorta a los creyentes de Corinto a quedarse en camino con su fe, haciendo una comparación con el *shidujin*. Saulo se comparó a un *shadján* espiritual que introdujo (o presentó) a estos creyentes con su esposo potencial (Yeshúa el Mesías).

Durante el *shidujin*, un precio es especificado por medio de la *ketubá*. Este contrato especifica las condiciones y provisiones de la boda porvenir, tanto para la novia como para el novio. Durante la época bíblica, parte de la dote de la novia podría haber incluido una banda colocada en la cabeza compuesta de monedas, la cual se usaba durante la ceremonia (Gower, *Los Modales Nuevos y las Costumbres de los Tiempos Bíblicos* [Inglés], p.64).

Puesto que esta banda de monedas representaba parte del contrato matrimonial, la perdida de cualquiera de estas monedas causaría mucha angustia (ver Lucas 15:8-10).

De una perspectiva más profunda, la *ketubá* espiritual del creyente es nada más que el mismo Nuevo Pacto. El novio (el Mesías) promete pagar un precio adecuado (su propia muerte) para su querida. Mientras tanto, la novia (el cuerpo de creyentes mesiánicos) promete pagar su dote con su propia vida rendida. Como Saulo sumario bellamente en su carta a los corintios: "...fueron comprados por un precio. Por tanto, honren con su cuerpo a Dios" (1 Corintios 6:20).

Erusin (Compromiso)

La ceremonia de *erusin* (*kidushin*) incluye la bendición de la primera copa de vino debajo de la *jupá*. Unos de los últimos hechos de Yeshúa mientras estaba en su cuerpo terrenal era la bendición de la copa que representaba el Nuevo Pacto. Él declaró que no probaría otra copa con sus discípulos hasta un tiempo más tarde en el reino de Dios (ver Mateo 26:27-29). ¡Que perfecto simbolismo conectado con el *erusin*, el tiempo de compromiso!

Hay el debate teológico acerca de la seguridad eterna del creyente, la posibilidad que se podría perder la salvación personal. Las lecciones del *erusin* contribuyen a la resolución de esta discusión.

Ahora que los dos grupos han acordado a tomar parte de las bendiciones de *erusin* debajo de la *jupá*, es como si estuvieran casados. Es verdad que no pueden vivir juntos, pero la promesa es tan segura que se necesitaría un divorcio religioso (*guet*) para invalidar el contrato. Adicionalmente, el *guet* es una opción disponible solo al esposo. La lección es clara de la boda judía: los creyentes verdaderos están eternamente seguros en el pacto de Mesías, porque no lo podemos romper y él dice que nunca lo hará. Como dijo Yeshúa, "Yo les doy vida eterna, y nunca perecerán, ni nadie podrá arrebatármelas de la mano" (Juan 10:28). ¡Es una bendición increíble saber que los que creen en Yeshúa el Mesías han entrado con él en el periodo de compromiso de acuerdo a la comprensión judía, tal como es definido por el periodo de *erusin*!

Puesto que los creyentes en Yeshúa han consentido a las condiciones del *erusin*, entran en el periodo de compromiso. Este es el periodo de tiempo (bíblicamente, un año) entre la primera copa solemne de la ceremonia de *erusin* y el matrimonio completo simbolizado por la segunda copa. Aunque la pareja es considerada casada en un sentido legal, no deberán vivir juntos como marido y mujer. Todavía falta muchísimo por hacer. El novio tiene sus propias responsabilidades, la más importante siendo la preparación de su futuro hogar. En el medio oriente antiguo, esto normalmente tomaba la forma de la adición de un cuarto a la casa existente de la familia.

La preparación de un futuro hogar cabe con la enseñanza de Yeshúa. El Mesías estaba tratando de consolar a sus discípulos sobre su muerte inminente y su partida de la tierra. Tan preocupante como era esto para esos seguidores, había una gran esperanza expresada cuando Yeshúa dijo:

> "No se angustien. Confíen en Dios, y confíen también en mí. En el hogar de mi Padre hay muchas viviendas; si no fuera así, ya se lo habría dicho a ustedes. Voy a prepararles un lugar" (Juan 14:1-3).

Yeshúa, nuestro novio celestial, ha tomado los primeros votos con su novia del Nuevo Pacto; que son, los judíos y los gentiles que llaman su nombre. Ahora, él está cumpliendo con su responsabilidad de preparar un hogar especial para su futura esposa. Es comprensible que la reacción inmediata de los discípulos hacia la muerte de Yeshúa seria una de temor y duda. Sin embargo, en la sabiduría de Dios, esta separación temporal del novio cumple perfectamente con el propósito del periodo de compromiso. La realización que su redentor y Mesías estaba solo cumpliendo el plan espiritual del Padre, como es visto en el compromiso, debió haber sido un consuelo a aquellos discípulos.

La novia también tenía sus propias preparaciones. Durante el año del periodo de compromiso, ella se consagraba con su vida pura y preparaba vestimentas santas para la boda porvenir. Ella entraba en la *mikvé* (la inmersión ritual en agua) inmediatamente antes del matrimonio como un símbolo de la purificación moral. En términos de escatología, la aplicación espiritual es clara. Los creyentes en Yeshúa, adheridos a él como su esposa, deben consagrarse y mantener sus vidas espirituales puras en preparación para la segunda copa. Saulo amplificó esta verdad en su carta a los creyentes en Éfeso:

> Esposos, amen a sus esposas, así como [el Mesías] amó a [la comunidad mesiánica] y se entregó por ella para hacerla santa. Él la purificó, lavándola con [la mikvé] mediante la palabra, para presentársela a sí mismo como una [comunidad mesiánica] radiante, sin mancha ni arruga ni ninguna otra imperfección, sino santa e intachable (Efesios 5:25-27).

Los últimos dos mil años han sido el periodo de compromiso entre el Mesías y su novia. Como con toda novia ansiosa, algunas veces la espera ha sido difícil. Pero, el novio está listo para regresar. Creyentes en Yeshúa necesitan preguntarse si están manteniendo sus vestimentas limpias y manteniendo las promesas de su *ketubá*.

Nesuin

El *nesuin* completa el retrato espiritual. De acuerdo a la tradición bíblica antigua, el novio vendría por su novia al final del año del *erusin*. Todo es preparado y la novia ansiosamente espera el regreso de su comprometido. El novio solo vendría por su novia después que el padre haya dado la orden. Con el novio dirigiendo una procesión por las calles de la aldea, se sonaría el *shofar* a los gritos de "¡el novio viene!"

La tradición del *nesuin* debió haber estado en la mente de Saulo cuando les escribió a los que tenían preguntas acerca del regreso de Yeshúa:

> El Señor mismo descenderá del cielo con voz de mando, con voz de arcángel y con [el shofar] de Dios, y los muertos en [el Mesías] resucitarán primero. Luego los que estemos vivos, los que hayamos quedado, seremos arrebatados junto con ellos en las nubes para encontrarnos con el Señor en el

> aire. Y así estaremos con el Señor para siempre. Por lo tanto, anímense unos a otros con estas palabras (1 Tesalonicenses 4:16-18).

Este evento profético, corrientemente llamado el "rapto secreto" (el recoger de los creyentes), es ilustrado perfectamente en la ceremonia matrimonial judía. Como los comprometidos a Yeshúa, sus seguidores esperan el comienzo de la segunda parte de la tradición de la *jupá*. Los *sheva b'rajot* ("siete bendiciones") marcan la culminación del matrimonio.

En la conclusión del *nesuin*, habrá una celebración jubilosa. Al final del festín matrimonial, el Mesías regresará a Jerusalén con su novia y establecerá su reino terrenal de mil años (ver Apocalipsis 20:4). La fiesta matrimonial continuará en Jerusalén, cuando el resto de los creyentes resucitados de cada época se unirán a las festividades. ¡Que recepción será! Los creyentes en Yeshúa convivirán con el Mesías como esposo y esposa espiritual.

Aunque hay considerable debate teológico acerca del cronometraje de los eventos del *nesuin*, una cosa es cierta: todos deben de responder a la invitación de Dios. Mientras el apóstol Juan veía la visión celestial de la ceremonia de la *jupá* porvenir, escuchó la multitud de los redimidos diciendo:

> «¡Alegrémonos y regocijémonos y démosle gloria! Ya ha llegado el día de las bodas del Cordero, su novia se ha preparado, y se le ha concedido vestirse de lino fino, limpio y resplandeciente.»

(El lino fino representa las acciones justas de los santos.)

> El ángel me dijo: «Escribe: "¡Dichosos los que han sido convidados a la cena de las bodas del Cordero"» (Apocalipsis 19:7-9)!

Los redimidos de toda la historia (judíos y gentiles que han respondido al método salvador de Dios) convivirán con nuestro Dios por la eternidad. La ceremonia matrimonial judía es la costumbre establecida por Dios para recordarles a los creyentes en Yeshúa de las grandes cosas porvenir en el reino de Mesías.

Toda persona necesita contestar la pregunta si confían o no en la muerte y la resurrección de Mesías por su salvación personal. Solo los creyentes en Yeshúa han sido invitados a esta ceremonia matrimonial judía. Que el novio, Yeshúa, venga pronto para empezar la celebración.

Una guía práctica para una ceremonia matrimonial mesiánica

Preparando para una boda mesiánica requiere tocar ciertos temas. Una ceremonia como ésta clarifica que el cónyuge no-judío tiene un corazón judío, afirmando la perspectiva judía de la fe. Por lo tanto, no es un asunto grande si uno de los cónyuges no es judío. Sin embrago, en casos donde uno de los cónyuges no es un creyente de Yeshúa, la boda no debería ser realizada (basado sobre 2 Corintios 6:14). Para confirmar que el matrimonio es la voluntad de Dios, consejo prematrimonial debería ser obligatorio. Una pareja comprometida debería consultar el líder mesiánico local con respecto a este tiempo de preparación.

El orden de servicio sugerido que sigue es basado sobre las costumbres matrimoniales de los tiempos bíblicos y sus adaptaciones modernas. Como en muchas de las tradiciones y costumbres, se debería adaptar esta ceremonia para corresponder con las convicciones y los deseos personales de la novia y el novio. Sobre todo, que la singularidad de su fe en Yeshúa sea vista claramente en esta linda ceremonia.

En organizar para la ceremonia, los materiales que siguen se necesitaran:

1. Copa de *kidush* para vino.
2. Vino *casher* o jugo de uva en una botella.
3. Una copa de vidrio para romper, envuelta en una servilleta de tela
4. *Ketubá*
5. *Jupá*
6. *Kipot* (solideos) blancos para los hombres

El orden de servicio es como el que sigue:

El Firmar de la Ketubá

Este documento debe ser firmado por el novio y la novia antes del empiezo de la ceremonia principal. Igualmente, el líder mesiánico y dos testigos (generalmente la dama de honor y el padrino de boda) deben firmarla. Un grupo pequeño de parentesco y conocidos pueden ser invitados a ver la firma. Para la ketubá actual, se recomienda una mesiánica (ver la Conclusión para información de cómo obtener una); sin embargo, una ketubá tradicional o una hecha a encargo se puede redactar si es lo deseado.

Preludio Musical

Esto puede incluir cualquier música instrumental o vocal apropiada que desearen el novio y la novia.

Procesional

Normalmente, el líder mesiánico tomará su lugar bajo la parte trasera de la *jupá* (la cual debe ser una plataforma elevada), seguido por los caballeros y las damas. Los hombres se alinean en el lado izquierdo de la *jupá* a la vista de la audiencia; las mujeres están en el lado derecho.

Invocación para el Novio

Cuando el novio comienza su marcha, el líder mesiánico dirá:

Baruj habá b'shem Adonay.

Bendito es el que llega en el nombre de el Señor.

El novio es acompañado por sus padres al frente de la *jupá*. Después de darles un beso o abrazo de despedida, los padres se sientan mientras el novio permanece parado enfrente de la *jupá*, mirando hacia la entrada de la nave lateral.

Invocación para la Novia

Antes que la novia comience su marcha, el líder mesiánico dirá:

B'rujá haba'á b'shem Adonay.

Bendita es la que llega en el nombre de el Señor.

(El novio puede leer Proverbios 31:10-12 cuando la novia comience su marcha por la nave lateral.)

La novia es guiada por sus padres hasta que esté enfrente de la *jupá*, mirando al novio. Ahora, la novia puede darle tres vueltas al novio mientras el líder mesiánico lee y explica el pasaje de Óseas 2:19.

Cuando la novia termina la ultima vuelta, toma el brazo del novio y entran debajo de la jupá. Miran hacia el líder mesiánico que dice:

Mi adir al hakól. Mi baruj al hakól. Mi gadól al hakól. Hu v'vareij et ha'jatán v'et ha'kalá.

Él, que es poderoso, por sobre todo; Él, que es bendito por sobre todo; Él, que es magnífico por sobre todo; Él, que es supremo por sobre todo, bendiga al novio y a la novia.

El Discurso del Líder Mesiánico

Puesto que la mayoría de las bodas mesiánicas son atendidas por un grupo diverso, incluyendo muchos amigos judíos no-mesiánicos, este es un tiempo apropiado para que el líder mesiánico haga algunos comentarios introductorios apropiados. Es muy útil e importante clarificar que ésta es una ceremonia mesiánica y también clarificar exactamente lo que significa eso. Muchas de las costumbres serán familiares para los invitados judíos; sin embargo, la pareja ha escogido expresar la conexión del Nuevo Pacto, ya que esta es una expresión de su fe personal en Yeshúa el Mesías. En el caso de los matrimonios mixtos (entre los creyentes judíos y no-judíos), puede servir como un bello testimonio que el cónyuge gentil también ama las costumbres bíblicas/judías porque son consistentes con su fe.

Después de los comentarios introductorios por el líder mesiánico, una oración personal de apertura puede ser ofrecida para pedir la bendición de Dios en esta ocasión gozosa. Esto es seguido por un sermón corto que toca sobre algunos de los asuntos relacionados al matrimonio. Es un tiempo perfecto para incorporar cualquier versículo preferido de las Escrituras.

La Copa de Erusin

El padrino de boda llena la primera copa de vino y el líder mesiánico dice:

> *Baruj atá Adonay, elobeinu mélej ha'olám, borei p'ri ha'gafen. Amén.*
>
> Bendito eres Tú, oh Señor, Rey del universo que crea el fruto de la vid. Amén.

(La bendición más larga adicional se puede usar si es deseada. Ver arriba.)

El padrino de boda le da la primera copa de vino al novio que la prueba y le da también a probar a su novia.

Los Votos

Ahora, el líder mesiánico dice:

> [Nombres del novio y la novia] ahora cambiaran los votos matrimoniales tradicionales. Haciendo esto, se estarán comprometiendo un al otro públicamente; para compartir los mismos gozos, las mismas penas, y cualquier otra cosa que Dios les traiga en sus vidas juntas.

Básicamente hay tres opciones para la ceremonia; votos tradicionales en español, votos personalizados en español; y el voto tradicional en hebreo. Los votos tradicionales en español son leídos por el líder mesiánico, primero al novio:

> [Nombre del novio], de tu propia voluntad y consentimiento ¿tomas a esta mujer [nombre de la novia] para tu esposa legítima de hoy en adelante, en el bien, en el mal, en la riqueza, en la pobreza, en la enfermedad y en la salud, para vivir juntos en el santo mandamiento de Dios? ¿La amarás, la consolarás, la honrarás, la apreciarás, y la mantendrás; renunciando a todas, para aferrarte solo a ella, hasta la muerte?

El novio dice: "Si."

El líder mesiánico le dice a la novia:

> [Nombre de la novia], de tu propia voluntad y consentimiento ¿tomas a este hombre [nombre del novio] para tu esposo legítimo de hoy en adelante, en el bien, en el mal, en la riqueza, en la pobreza, en la enfermedad y en la salud, para vivir juntos por el santo mandamiento de Dios? ¿Lo amarás, lo inspirarás, lo honrarás, lo apreciarás, y lo mantendrás; renunciando a todos, para aferrarte solo a él, hasta la muerte?

La novia dice: "Si."

El líder mesiánico pregunta, "¿Que símbolos tienen de estos votos?" El niño/s de los anillos le da los anillos al líder mesiánico, quien dice:

> Desde los primeros tiempos el anillo ha sido un símbolo del amor casado. Es echo de oro puro para simbolizar el amor puro. Siendo un círculo sin hendidura, simboliza el amor sin fin. Cada vez que cualquiera de los dos vean estos círculos de oro, que sean recordados de este momento importante y el amor infinito que prometen.

El líder mesiánico guía el novio en diciendo las bendiciones hebreas mientras el novio coloca el anillo en el dedo anular de la novia:

> *Harei at m'kudeshet li, b'taba'at zu, k'dat Moshé v'Yisraeil.*

> He aquí que eres consagrada a mí por medio de este anillo, de acuerdo con la Ley de Moisés e Israel.

Si es deseado, una frase mesiánica se puede agregar al final de cada oración:

> *...b'shem Ha'Av, Yeshúa HaMashíaj, v'Rúaj HaKódesh.*

> ...en el nombre del Padre, de Yeshúa el Mesías y del Espíritu Santo.

En la tradición judía, el hombre es el único a quien se le es requerido decir la bendición sobre el anillo. Sin embargo, se le permitida a la mujer decir la misma bendición en español para su parte de la ceremonia.

El líder mesiánico ahora proclama:

> Puesto que han prometido amarse uno al otro ante Dios y estos testigos, y han cambiados estos símbolos del amor genuino, he aquí anuncio, por la virtud y la autoridad investida en mí, que ahora son esposo y esposa, para así vivir juntos hasta que la muerte los separe. Lo que Dios por lo tanto ha unido, que ningún hombre lo separe.

En este momento de la ceremonia, un número musical especial con frecuencia es incluido para ayudar a todos reflejar en el significado de la ocasión.

La Lectura de la Ketubá

El líder mesiánico puede explicar el simbolismo de la *ketubá* y realmente puede leer el texto como una declaración de los valores de esta pareja recién casada.

La Copa de Nesuin

El padrino de boda llena la segunda copa de vino. El líder mesiánico explica el simbolismo espiritual asociado con esta costumbre, especialmente en la luz de la fe en el Mesías. El líder mesiánico canta los *sheva b'rajot* ("siete bendiciones") en hebreo (referir a Scherman, *La Edición del Consejo Rabínico de América del Sidur Rollo de Arte* [Ingles] –ver bibliografía—o cualquier otro *sidur* tradicional). Después que el hebreo es cantado, el líder mesiánico lee la traducción en español.

1. Bendito eres Tú, oh Señor, nuestro Dios, Rey del universo, que ha creado todo para Su gloria. Amén.

2. Bendito eres Tú, oh Señor, nuestro Dios, Rey del universo, que creó al Hombre. Amén.

3. Bendito eres Tú, oh Señor, nuestro Dios, Rey del universo, que creó al Hombre en Su imagen, en imagen de su semejanza y preparó para él –de sí mismo– un edificio para toda la eternidad. Bendito eres Tú, oh Señor, que creó al Hombre. Amén.

4. Trae intensa alegría y júbilo a la infértil por medio de la reunión de sus hijos a su se- no. Bendito eres Tú, oh Señor, que alegra a Sion por medio de sus hijos. Amén.

5. Alegra a los amados compañeros tal como alegraste a Tu criatura en el Gran Edén desde antaño. Bendito eres Tú, oh Señor, que alegra al novio y a la novia. Amén.

6. Bendito eres Tú, oh Señor, nuestro Dios, Rey del universo, que creó dicha y felicidad, novio y novia, júbilo, alegres cánticos, placer, deleite, amor, hermandad, paz y amistad. oh Señor, nuestro Dios, permite que pronto se escuche en las ciudades de Yehudá y en las calles de Yerushaláyim, la voz de la dicha y la voz de la felicidad, la voz del novio y la voz de la novia, la voz jubilosa de los novios que emana de sus palios, y de los jóvenes, desde sus banquetes plenos de cánticos. Bendito eres Tú, oh Señor, que alegra al novio con la novia. Amén.

7. Bendito eres Tú, oh Señor, Rey del universo, que crea el fruto de la vid. Amén.

El padrino de boda le da la copa de vino al novio, que toma un sorbo con la novia.

Conclusión

El líder mesiánico debe dar una explicación breve acerca de la costumbre de quebrantar el vidrio. También sería una buena idea avisarles a los invitados del grito tradicional de "Mazal Tov," el cual viene inmediatamente después que el novio pise el vidrio. En el momento apropiado, se le es indicado al novio que rompa el vidrio. El novio y la novia pueden besarse, y es adecuado que el líder mesiánico concluya el servicio con un momento de oración personal sobre la pareja.

Al final de la oración, la pareja voltea a la audiencia y el líder mesiánico dice "Es mi privilegio presentarles al Sr. y la Sra. [nombre]." En aquel momento, la música generalmente empezará a entonar los sonidos gozosos de las canciones tradicionales de boda (una conocida es *Od Yishamá*, de Jeremías 33). Las damas y los caballeros marchan de regreso por la nave lateral en orden inversa de la cual entraron.

Ahora es tiempo para la recepción la cual, de buen modo judío, ¡debería ser una *simjá* (celebración)! ¡*Mazal Tov*! Que las bellas costumbres de la boda judía siempre recuerde a los creyentes de Yeshúa de su novio porvenir, Yeshúa el Mesías.

5

La muerte y el luto

Antecedentes históricos

El Señor es mi pastor, nada me falta; en verdes pastos me
hace descansar. Junto a tranquilas aguas me conduce;
me infunde nuevas fuerzas.
Me guía por sendas de justicia
por amor a su nombre.
Aun si voy por valles tenebrosos,
no temo peligro alguno
porque tú estás a mi lado;
tu vara de pastor me reconforta.
Dispones ante mí un banquete
en presencia de mis enemigos.
Has ungido con perfume mi cabeza;
has llenado mi copa a rebosar.
La bondad y el amor me seguirán
todos los días de mi vida;
y en la casa del Señor
habitaré para siempre (Salmos 23).

A través de la historia, la muerte ha sido el enemigo más terrible del hombre. Las estadísticas son algo aplastantes; ¡toda persona enfrentara la muerte! A pesar de esta realidad desoladora, esta generación parece estar en un estado de negación con respecto a su propia mortalidad. Hay clubes de salud, dietas y filosofías de la nueva era que testifican a esta verdad. Por su puesto, esta no es la primera generación que ha tratado de retroceder el curso de lo inevitable.

La historia está llena de pruebas de la batalla del hombre con este rival. Los egipcios guardaron sus riquezas en las pirámides para que su viaje al otro mundo fuera uno placentero. Los hindúes escogen creer que la muerte es solo otro ciclo en la rueda de la vida sin fin por medio de la reencarnación.

La perspectiva judía hacia la muerte es severamente realista en comparación a las muchas perspectivas que han existido a través del mundo y de la historia. La perspectiva judía no permite que uno niegue o escape la realidad de la muerte. La muerte es una certeza y, aun en las situaciones trágicas, una parte de la vida que es ordenada por Dios.

El primer libro de la Torá describe la muerte como una parte del juicio asociado con la caída espiritual del hombre. Después que Adán y Eva fallaron su examen de obediencia moral en el jardín de Edén, ciertas condiciones nuevas permanecieron en el mundo. Dentro de ellas, Dios dijo:

> Te ganarás el pan con el sudor de tu frente,
> hasta que vuelvas a la misma tierra
> de la cual fuiste sacado,
> Porque polvo eres,
> y al polvo volverás (Génesis 3:19).

El hombre (*adam*) fue tomado del polvo (*adamá*). Este juego de palabras en la Torá refleja la verdad espiritual del dilema del hombre. La desobediencia y el pecado han traído la muerte física–el regreso al polvo (*adamá*). La separación del cuerpo y el alma finalizó la existencia carnal del hombre en el mundo.

Sin embargo, la perspectiva judía siempre ha mantenido la esperanza por una vida mejor y por el mundo porvenir. Aunque el cuerpo está bajo la maldición de la muerte física, los rabinos creían que todo judío sería resucitado y experimentaría una entidad espiritual. Cuando el autor de *Kohelet* (Eclesiastés) reflejó sobre la muerte, él notó que "Volverá entonces el polvo a la tierra, como antes fue, y el espíritu volverá a Dios, que es quien lo dio" (Eclesiastés 12:7).

La manera en la cual este proceso se lleva a cabo siempre ha sido un misterio para los sabios. Rabino *Josué ben Jananiá* sumarió el sentimiento común: "¡Cuando tengan vida de nuevo, consultaremos sobre el asunto" (*Talmud Babilonio*, Nidá 70b)! Sin embargo, parece haber un consenso sobre la realidad de la resurrección de los muertos. Hay muchos versículos bíblicos que guiaron los comentaristas rabínicos a esta conclusión. También fueron guiados a la conclusión que habría un juicio porvenir, y que este juicio determinaría si la humanidad pasaría la eternidad en la bendición o en el condena. Las doctrinas de *olam habá* ("el mundo porvenir") y el juicio porvenir se desenvuelven progresivamente en las escrituras más tardes del *Tanaj* (Escrituras Hebreas). El libro de Daniel provee un relato de lo que transpirará en los últimos tiempos para Israel:

> Entonces se levantará Miguel, el gran príncipe protector de tu pueblo. Habrá un período de angustia, como no lo ha habido jamás desde que las naciones existen. Serán salvados los de tu pueblo, cuyo nombre se halla anotado en el libro, y del polvo de la tierra se levantarán las multitudes de los que duermen, algunos de ellos para vivir por siempre, pero otros para quedar en la vergüenza y en la confusión perpetuas (Daniel 12:1-2).

Los rabinos creían que en la muerte, el cuerpo de una persona regresaría a la tierra. Sin embargo, mientras el cuerpo esperaba pacientemente la futura resurrección, el espíritu descendería a un lugar llamado el *Sheol*. Es dicho que esta morada espiritual consiste de dos compartimentos diferentes: un lugar de bendición, llamado el Paraíso, y un lugar de juicio, llamado *Gueyhinom*. El último era considerado un destino terrible, tal como es visto en el fondo del nombre hebreo. *Guey-Hinom* literalmente significa "Valle de Hinom," el cual es uno de los barrancos que rodean la cuidad de Jerusalén. Lo sorprendente de este lugar es que servia con frecuencia como un lugar de sacrificio pagano (incluso el sacrificio humano) y como un basurero incendiado. Para un judío en la antigua Jerusalén, el nombre *Gueyhinom* conjuraba el espectro más horroroso imaginable. Ciertamente era una descripción adecuada del lugar espiritual del juicio. Los griegos después llamaron el lugar *Guehena* o, como es traducido en español, el Infierno. Este juicio era tan terrible que los rabinos talmúdicos creían que todo judío fiel sería prescindido de su agonía: "Todo Israel tiene un lugar en el mundo por venir" (*Talmud de Jerusalén*, Sanedrín 11:1).

La adherencia teológica rabínica a los conceptos del mundo porvenir y el juicio futuro era tan fuerte que Maimónides (el *Rambam*) incluyo esta declaración como parte de los Trece Principios de la Fe Judía:

> Creo con fe perfecta que habrá una resurrección de los muertos en el tiempo que satisfaga al Creador, bendito sea su nombre, y exaltada sea la memoria de él para siempre (decimotercero Principal tal como es traducido por Philips, Oraciones Diarias, p. 167).

Históricamente, el pueblo judío ha creído en la resurrección de los muertos. Es infortunado que muchos judíos contemporáneos, incluyendo las ramas liberales (p.ej., judaísmo reformista), hayan ignorado o negado esta doctrina central. Consecuentemente, hay judíos modernos los cuales no tienen ningún concepto del mundo porvenir o sencillamente lo rechazan inmediatamente. El judaísmo moderno tiende a enfocar en la importancia del aquí y ahora, la cual es ciertamente significante. Sin embargo, la esperanza y la centralidad de *olam habá* necesitan ser restauradas como una enseñanza central en el judaísmo de hoy.

Esta esperanza de la resurrección y el mundo porvenir fue un ímpetu entre muchos de los ancestros bíblicos. De todos los ejemplos en las Escrituras, el más asombroso puede ser el testimonio de Job, que sufrió tales perdidas increíbles en su vida. Cuando reflejó en su situación más desesperanzada, Job reveló su fe verdadera en algo más allá de esta vida:

> Yo sé que mi redentor vive, y que al final triunfará sobre la muerte. Y cuando mi piel haya sido destruida, todavía veré a Dios con mis propios ojos (Job 19:25-26).

Tan importante que sea esta vida terrenal, siempre habido una esperanza más grande, más grandiosa de la eternidad revelada en las Escrituras. Dios corregirá toda injusticia y sanará todos los problemas de esta vida. Cuando es apropiadamente comprendida, las realidades de la muerte y el juicio porvenir deben guiarnos a tener la misma actitud como es reflejado en la oración de Moisés: "Enséñanos a contar bien nuestros días, para que nuestro corazón adquiera sabiduría" (Salmos 90:12).

Observancia judía tradicional

Aunque hay hoy en día un descuido considerable de la enseñanza de *olam habá*, la comunidad judía retiene muchas de sus verdades en las costumbres asociadas con la muerte y el luto. Muchas de estas tradiciones son una directa aplicación de la costumbres establecidas por Dios. Muchos valores espirituales pueden ser vistos y aprendidos cuando se comprende el modo judío tradicional de poder con esta etapa final del ciclo vital bíblico.

Dentro de las costumbres judías, se encuentra un tema común de respeto para la vida y para los que han sido tocados por la muerte. El cuerpo es considerado un vasija del espíritu que es dado por Dios (ver Proverbios 20:27). Por lo tanto, es importante que el cuidado y el honor apropiado sean conciliados al entierro del difunto. Es igualmente importante que la aflicción y el estado espiritual de los dolientes sean adecuadamente atendidos. Las costumbres de entierro modernas hablan mucho sobre las preocupaciones tanto para los difuntos como para los vivientes.

En la tradición ortodoxa, el entierro se debe de llevar a cabo lo más pronto posible después de la muerte. Puesto que la Biblia pone gran énfasis sobre el respeto de la sangre, el proceso de embalsamar (el cual involucra el remover de la sangre) normalmente no es permitido. Por la misma razón, las autopsias no son realizadas a menos que salvara otra vida, o si es requerida por la ley civil. De acuerdo a interpretación rabínica, la incineración no es una opción, ya que esto violaría el mandamiento de enterrar los muertos en la tierra (ver Génesis 3:19). Con estas restricciones, es fácil ver por que un entierro judío tradicional generalmente se lleva a cabo en menos de 24 horas de la muerte. Las únicas excepciones serían por el Sábado o para permitir tiempo de viaje para que familiares atiendan el funeral.

La preparación del cuerpo para el entierro es considerada unos de los *mitzvot* ("mandamientos" o "buenas obras") más importantes. Aunque no es embalsamado, hay bastante trabajo que se hace con respecto al la limpieza y la purificación del cuerpo. El cuerpo es vestido con una bata o manta, llamada el *tajrijim*. Esta prenda es modelada por las prendas sacerdotales usadas en el Templo. Una peculiaridad es que las prendas no tienes bolsillos, la cual acentúa la realidad que uno se va de este mundo sin cualquier posesión mundial. Si el difunto es un hombre, es cubierto con su *talit* (manto de oraciones), al cual se le corta las franjas (*tzitziyot*). Esto demuestra que su llamada terrenal de observar los mandamientos ha cesado de ser vinculante. Durante este proceso, el cuerpo nunca se deja solo, mas es vigilado durante la *shmirá* ("la vigilia de guardia"). Normalmente, los judíos tradicionales forman una sociedad religiosa de entierro, *Jevra Kadisha* ("Sociedad Santa"), que realiza estos servicios. Aunque las costumbres varían con respecto al vestir para entierro, el simbolismo del manto sencillo es sorprendente. Los rabinos aconsejaban que la sencillez fuera una manera de mantener una perspectiva adecuada. Sea uno taxista o el Presidente de Israel, toda persona es igual en la muerte (Lamm, *El modo judío en la muerte y el luto* [Inglés], p. 239).

Lo mismo se puede decir con respecto al ataúd. En contrasto a la perspectiva mundial predominante, el énfasis judío está sobre la sencillez. Mientras alguna gente del mundo opta a ser enterrada en ataúdes elaborados, la tradición judía dice que un ataúd de madera sencillo es lo ideal. Se hace abundantemente claro que la filosofía judía también se dirige a los problemas practícales que con frecuencia enfrentan a los dolientes.

Es infortunado que muchas veces una familia doliente, en amor o aun en un sentido de culpabilidad, escoja a invertir una suma grande de dinero en los arreglos fúnebres. Mucha gente se acogería positivamente a un principio guiador. En la tradición judía ya está resuelto. La sencillez es una *mitzvá* porque todos somos iguales en la muerte.

El mismo funeral presenta un cierto número de lecciones espirituales notables. De acuerdo con el tema de respeto, la práctica normativa es no tener un ataúd abierto. Igualmente, es considerado fuera de carácter tener arreglos florales o incluso música en un funeral judío ortodoxo. Tales cosas son simbólicas de los gozos y los placeres de esta vida y son prohibidas en tal ocasión. Sin embargo, es la opinión de este autor que es aceptable incorporar música especial, como lo hizo el Rey David en varias ocasiones, para expresar la fe y la esperanza personal en Dios.

Antes del comienzo del servicio conmemorativo, los miembros inmediatos de la familia siguen el ritual de *kriá* ("desgarrando"). Tal como se hacia durante los tiempos bíblicos, la familia rasga una parte de su ropa, generalmente en el lado izquierdo al lado corazón, como una señal de luto (ver Génesis 37:34). La funeraria usualmente provee cintas negras que se pueden sustituir por la ropa. Esta costumbre de *kriá* es observada por los primeros siete días del periodo de luto. Cuando se rompe la prenda de ropa, la bendición que sigue es pronunciada por los dolientes:

> *Baruj atá Adonay, eloheinu mélej ha'olám, dayán ha'emet. Amén.*
>
> Bendito eres Tú, oh Señor, nuestro Dios, Rey del universo, el Juez verdadero. Amén.

El rabino o el cantor dirige el servicio, el cual incluye varias plegarias hebreas, salmos y lecturas en español. Entre éstas está el antiguo *El Moley Rajamim*, el cual es cantado en hebreo y es traducido como sigue:

> Oh Dios, pleno de misericordia, que mora en las alturas, otorga merecido reposo en las alas de la Presencia Divina, en las excelsas esferas de los santos y los puros que brillan

con el resplandor de firmamento, al alma de ____________, que pasó a su mundo, en virtud de que, sin hacer votos, aportaré a caridad en recuerdo de su alma. Su lugar de reposo sea en el Gan Edén y, por ello, el Señor de la misericordia lo/la proteja al abrigo de Sus alas por toda la eternidad y una Él su alma al Vínculo de la Vida. HASHEM es su herencia y descanse él/ella en paz en su lugar de reposo. Amén.

El funeral incluye una elogia, la cual sirve como un recuerdo del difunto y su trabajo en la comunidad.

En el sepulcro, es un requisito tener por lo menos diez hombres (un *minyán*) reunidos para la recitación del *Kadish*. Esta oración antigua, escrita en arameo, es generalmente la costumbre más conocida asociada con el funeral judío. Alguna gente, por lo tanto, equivocadamente cree que es una plegaria para los muertos. Irónicamente, el *Kadish* ni menciona la muerte, sino es una oración poderosa exaltando a Dios y buscando el establecimiento de su reino. Enseña la lección que cada persona necesita afirmar la soberanía de Dios y planear para su vida, aun durante un tiempo de dolor inmenso.

Se acostumbra, como un acto de amor y dolor, que cada miembro de la familia tome turnos tirando paladas de tierra sobre el ataúd que ha sido bajado. Normalmente, no habrá una lápida hasta el desvelo especial en el primer aniversario de fallecimiento.

Después del funeral y del servicio en el cementerio, la familia inmediata (cónyuge, padres, hijos y hermanos) entran en tres periodos de luto. Basado sobre Génesis 50:10, el primer segmento se llama *shiva* ("siete"), consistiendo de siete días los cuales empiezan a la conclusión del funeral. La familia empieza este tiempo de luto intenso por la observancia de un cierto número de costumbres importantes. La ropa o cintas de *kriá* todavía se usan, y la rasuración y la aplicación de maquillaje son prohibidas, la cual simboliza el dolor personal. Igualmente, los dolientes no trabajarán y se abstendrán de cualquier actividad agradable. El dolor es expresado aún más en la tradición judía cuando la familia se sienta en asientos bajos o en muebles sin los colchones.

Debido a la intensidad de "sentar shiva," es considerado una *mitzvá* (buena obra) proveer la primera comida de la familia en casa. Esta práctica puede extenderse a la semana entera. Es común recibir el pésame de las visitas durante este tiempo. Muchas veces, los consoladores hacen una donación a la sinagoga u otra caridad en memoria del fallecido.

El periodo *shiva* de siete días extiende al nuevo estado de luto, llamado *shloshim* ("treinta"). Este periodo de treinta días puede ser clasificado como un tiempo de medio-luto. La intensidad de *shiva* se ha completado; por lo tanto, la rasuración, el maquillaje, y el horario regular de trabajo se pueden restaurar. Sin embargo, el luto continúa en que no hay participación en música, fiestas o bodas.

El periodo final de luto, *avelut*, empieza después del *shloshim* y extiende por un año entero, del calendario hebreo, del día del fallecimiento. La vida diaria de uno continúa a normalizar, pero con el recuerdo constante de la perdida de un ser querido. El *Kadish* es recitado diariamente, preferiblemente en la sinagoga, por los primeros once meses. Esto es cesado antes de la finalización de los doce meses, por la creencia de los rabinos talmúdicos que el destino final de los malvados era determinado a través del año entero. Consecuentemente, sería una declaración de presunción y juicio si las oraciones continuarían por el año completo (Klein, *Una guía para la practica religiosa judía* [Inglés], p. 293). En

este primer aniversario del fallecimiento (llamado el *yortzeit*), el desvelo o la instalación de la lápida normalmente se lleva a cabo. También, una vela especial de *yortzeit* es alumbrada cada año en este día de aniversario en memoria del fallecido. Esta costumbre, basada sobre Proverbios 20:27, ilustra la verdad que "El espíritu humano es la lámpara del Señor." Otra costumbre conocida es la de dejar una piedra pequeña sobre la lápida después de una visita para enseñar que la persona no ha sido olvidada. Estas son formas especiales para honrar la vida y la memoria de un ser querido.

Mientras algunas personas no entiendan o aprecien algunas de estas costumbres, son muchos los beneficios de la perspectiva judía a la muerte. Es claro que el respeto y el honor son sumamente importantes con respecto a los difuntos. También se encuentran buenos beneficios en estas costumbres para los dolientes. Muy frecuente, la sociedad analítica moderna no puede adecuadamente con la muerte. Sin embargo, la estructura de la *shiva* y los otros periodos de luto animan la comunicación y el alivio en este tiempo de dolor. En las palabras de Salomón, hay un "tiempo para llorar y un tiempo para reír, un tiempo para estar de luto y un tiempo para saltar de gusto" (Eclesiastés 3:4). Muchos sicólogos y aconsejadores están encontrando nueva verdad en las formas antiguas de la Torá y las tradiciones judías. Las costumbres establecidas por Dios tienen mucho por enseñar, cuando se mira a lo más profundo de la superficie para ver un Dios que desea ser el consolador personal de cada persona.

Pertinencia al Nuevo Testamento

Muchas de las costumbres asociadas con las formas judías de la muerte y el luto ilustran las verdades de las Escrituras Hebreas. La realidad de la muerte y las maneras saludables de doler son tratadas por las tradiciones antiguas que son practicadas hasta hoy en día. Lo que no es tan conocido es que muchas de estas costumbres son partes de la cultura del Nuevo Testamento. Después de todo, los primeros discípulos de Yeshúa no solo vivieron un estilo de vida judío pero también murieron judíos observantes. Es algo iluminador ver a muchos de los incidentes del Nuevo Testamento contra el fondo cultural de la comunidad judía del primer siglo.

De los varios relatos que tocaron sobre los temas de la muerte en el Nuevo Testamento, el más dramático fue centrado en la muerte y la resurrección de Yeshúa. Para creyentes, esta parte de la historia del Nuevo Testamento es sumamente central a su fe. Cuando se desarrolla una comprensión de las costumbres que rodean la muerte de Yeshúa, las profundidades de sus significados comenzarán a ser aun más apreciadas.

Después que el juicio religioso y el juicio civil encontraran a Yeshúa culpable, los romanos lo ejecutaron con el modo convencional romano de la crucifixión. Fue una muerte agonizante; pero una que cumpliría las profecías y compraría la redención para los que creyeran en él (ver Isaías 53; Daniel 9). Su muerte presentó el problema de qué hacer con el cuerpo de este rabino/Mesías controversial. ¿Arriesgaría algún discípulo más persecución y más problemas presentándose para reclamar el cuerpo? ¿Lo dejarían ser enterrado por los romanos como un delincuente cualquiera? Debió haber sido una sorpresa para todos cuando *Yosef* de *Ramatayim* ("José de Arimatea") se presentí para asistir con el entierro.

> Era el día de preparación (es decir la víspera del [Shabat]). Así que al atardecer, José de Arimatea, miembro distinguido del [Sanedrín], y que también esperaba el reino de Dios, se atrevió a presentarse ante Pilato para pedirle el cuerpo de [Yeshúa]. Pilato, sorprendido de que ya hubiera muerto, llamó al centurión y le preguntó si hacía mucho que había muerto. Una vez informado por el centurión, le entregó el cuerpo a José (Marcos 15:42-45).

Este relato sorprendente enseña varias cosas que a menudo son malentendidas sobre la muerte de Yeshúa. Muy a menudo se supone que "los judíos" (es decir, todo judío) rechazó a Yeshúa. Sin embargo, una lectura cuidadosa de los Evangelios dicta algo bastante diferente. ¿Qué no era durante esta misma semana que una gran multitud del pueblo judío le dio la bienvenida a Yeshúa a Jerusalén con la bendición mesiánica, *Baruj habá b'shem Adonay* ("Bendito es el que viene en el nombre de Adonay"; ver Marcos 11:8-9)? ¿Qué no fueron judíos los cuales lloraron y dolieron cuando Yeshúa fue guiado a Gólgota (ver Lucas 23:27)? ¿Podría ser que todos estos seguidores de repente se hayan cambiado de mente y unido en la condenación del Hijo de David?

La respuesta sencilla es esta: claramente hubieron aquellos que rechazaron la Mesianidad de Yeshúa; pero, había una minoría fuerte la cual mantuvo su fe en él. Esta minoría podría haber estado confundida con respecto a esos eventos desoladores que transpiraron en Jerusalén, pero ellos eran el remanente que tendría un impacto tal en esa cuidad misma después de la resurrección. No hay ninguna duda que Yeshúa y sus seguidores mesiánicos causaron bastante controversia. Sin embargo, es por esta controversia que se sabe que fue una decisión dividida. Hubo muchos judíos de cada lado de la controversia.

Aun hasta en el Sanedrín de setenta miembros hubo aquellos que creían que Yeshúa era el Mesías. Obviamente *Yosef* y su colega rabínico Nicodemo (*Nakdimon*) no votaron por la convicción de Yeshúa. Probablemente ni fueron parte del quórum presente cuando se llevaron a cabo los procedimientos de noche (ver Juan 19:38-39). Sin embargo, los sentimientos de la mayoría triunfaron y Yeshúa fue ejecutado sobre el cargo de blasfemia.

Aunque es algo sorprendente que *Yosef* haya reclamado el cuerpo de Yeshúa, lo que siguió era bastante consistente con las costumbres fúnebres judías de esa época.

> Entonces [Yosef] bajó el cuerpo, lo envolvió en una sábana que había comprado, y lo puso en un sepulcro cavado en la roca. Luego hizo rodar una piedra a la entrada del sepulcro. [Miryam de Magdala] y [Miryam] la madre de [Yosi] vieron donde lo pusieron (Marcos 15:46-47).

Tal como era común, *Yosef* siguió la costumbre de *tajrijim* en proveyendo el vestido fúnebre apropiado. Parece que él y *Nakdimon* también realizaron la *mitzvá* de empezar a preparar el cuerpo para el entierro, la obligación de *Jevra Kadisha* (ver Juan 19:38-39). Sin embargo, se presentaron algunos problemas logísticos. Un *shabat* se acercaba rápidamente y no había el tiempo suficiente como para completar la preparación antes del comienzo del día santo. Entonces *Yosef* y los que lo acompañaban apresuradamente pusieron el cuerpo de Yeshúa en una tumba poseída por *Yosef* y la sellaron hasta la conclusión de *shabat*. Consistente con la costumbre judía, el entierro completo se terminaría en la oportunidad más pronta posible.

Lo que ocurrió después ¡cambió el curso de la historia judía y la historia del mundo! El relato de Marcos es como sigue:

> Cuando pasó el [shabat], [Miryam de Magdala], [Miryam] la madre de [Ya'akov], y [Shlomit (Salomé)] compraron especias aromáticas para ir a ungir el cuerpo de [Yeshúa]. Muy de mañana el primer día de la semana, apenas salido el sol, se dirigieron al sepulcro. Iban diciéndose unas a otras: « ¿Quién nos quitará la piedra de la entrada del sepulcro?» Pues la piedra era muy grande. Pero al fijarse bien, se dieron cuenta de que estaba corrida. Al entrar en el sepulcro vieron a un joven vestido con un manto blanco, sentado a la derecha, y se asustaron. –No se asusten –les dijo–. Ustedes buscan a [Yeshúa de Natzeret], el que fue crucificado. ¡Ha resucitado! No está aquí. Miren al lugar donde lo pusieron (Marcos 16:1-6).

En la tradición judía el cuerpo del fallecido se trata con sumo respeto. Las discípulas vinieron después del *shabat* para completar la purificación y la preparación que había empezado la *Jevra Kadisha* (*Yosef*, *Nakdimon* y otros). Es por su puesto prohibido embalsamar o alterar el cuerpo en cualquier forma. Sin embargo, el ungimiento del cuerpo envuelto con perfumes y especies era bastante apropiado.

Todo cambió temprano esa mañana en Jerusalén. El cuerpo desapareció. Las mujeres y los discípulos nunca pensaron que de alguna manera se había robado el cuerpo, porque las vestiduras de *tajrijim* todavía estaban misteriosamente en su lugar (ver Juan 20:5-8). ¿Qué más iban hacer mas creer en las palabras del mensaje angélico: "¡Ha resucitado!"? Fueron testigos a la prueba final que Yeshúa de *Natzeret* es el Mesías; Dios lo había resucitado. Yeshúa actualmente se apareció en su cuerpo glorificado a centenares de sus seguidores, así dando validez a su resurrección (ver 1 Corintios 15:1-8).

Es interesante ver como se siguen las costumbres fúnebres judías en el Nuevo Testamento. Sin embargo, lo que es aún más importante es el reconocimiento de la razón para la muerte, el entierro y la resurrección de Yeshúa. Él pagó por los pecados del mundo con su muerte delegada. Igualmente, fue enterrado en el sepulcro de un hombre rico en cumplimiento con las Escrituras (ver Isaías 53). Pero, es la victoria del Mesías sobre la muerte, por la resurrección, que tuvo el impacto más grande sobre este mundo y el mundo porvenir. La muerte, tanto física como espiritual, ha sido derrotada. Como lo dijo Saulo de Tarso:

> Fíjense bien en el misterio que les voy a revelar: No todos nos moriremos, pero todos seremos transformados, en un instante, en un abrir y cerrar de ojos, al toque final [del shofar]. Pues sonará [el shofar] y los muertos resucitaran con cuerpo incorruptible, y nosotros seremos transformados. Porque lo corruptible tiene que revestirse de lo incorruptible, y lo mortal, de inmortalidad. Cuando lo corruptible se revista de lo incorruptible, y lo mortal, de la inmortalidad, entonces se cumplirá lo que está escrito: «La muerte ha sido devorada por la victoria.»
>
> > « ¿Dónde está, oh muerte, tu victoria?
> > ¿Dónde está, oh muerte, tu aguijón?»
> > El aguijón de la muerte es el pecado, y el poder del pecado es la [Torá]. ¡Pero gracias a Dios, que nos da la victoria por medio de nuestro Señor [Yeshúa el Mesías] (1 Corintios 15:51-57)!

Estas son las "Buenas Noticias." Mientras se consideran los modos judíos de la muerte y el luto, uno se necesita preguntar si puede estar seguro de su lugar en el *olam habá* ("el mundo porvenir"). Cada persona, judía y gentil, necesita preguntarse si ha aceptado a Yeshúa, el redentor viviente, que ha abierto el camino del perdón como el Mesías nombrado por Dios.

Una guía práctica para un Funeral mesiánico

Como en todas las costumbres bíblicas/judías, está la libertad de hacer cualquier ajuste personal en la estructura. Aún más importante es que el servicio debe ser personalizado a reflejar la esperanza de la familia en el Mesías porvenir. Lo que sigue es un orden de servicio sugerido:

Música Introductoria

Lecturas de Escrituras de Apertura

Pasajes de los Salmos (p.ej., Salmo 46, 116, 121, etc.)—Es bueno dar una introducción y un contexto adecuado a este servicio especial, explicando lo que significa ser un creyente en Yeshúa. Algunas otras lecturas sugeridas podrían incluir cualquiera de las que siguen: Job 19, Juan 11, 1 Corintios 15, 1 Tesalonicenses 4, etc.

Mensaje del Líder Mesiánico

Elogio o Testimonios de Parentesco o Conocidos

Música Especial

Kadish Explicado y Recitado (referir a Scherman, *La Edición del Consejo Rabínico de América del Sidur Rollo de Arte* [Inglés] –ver bibliografía—o cualquier otro *sidur* tradicional)

Oración Final por el Líder Mesiánico

Una oración final puede centrarse en la esperanza para los creyentes y el consuelo para los dolientes.

Es una bendición tener la seguridad que la fe personal en el Mesías Yeshúa proveerá las bendiciones de la resurrección en su reino porvenir. Sin embargo, la comprensión de los modos bíblicos/judíos para poder con la muerte y el luto es útil en esta vida.

Parte dos

El estilo de vida bíblico

6

La Mezuzá

La jamba

Antecedentes históricos

> Escucha, Israel: El Señor nuestro Dios es el único Señor. Ama al Señor tu Dios con todo tu corazón y con toda tu alma y con toda tus fuerzas. Grábate en el corazón estas palabras que hoy te mandó. Incúlcaselas a tus hijos. Háblales de ellas cuando estés en tu casa y cuando vayas por el camino, cuando te acuestes y cuando te levantes. Átalas a tus manos como un signo; llévalas en tu frente como una marca; escríbelas en los postes de tu casa y en los portones de de tus ciudades (Deuteronomio 6:4-9).

La *mezuzá* es una caja pequeña la cual es fijada a las puertas de las casas. Contiene un mensaje poderoso. Hasta hoy en día, es una señal de una casa que honra a Dios y que es dedicada a su servicio. ¿De donde habrá salido esta costumbre distintiva?

La palabra hebrea *mezuzá* es la palabra para la jamba o el marco de una puerta. Durante los tiempos bíblicos, la jamba de una casa representaba la familia y sus valores. Debido a su visibilidad, la jamba era un lugar en donde enseñar la identidad personal. Así, no es sorprendente que Dios mando que la sangre del primer cordero de la Pascua sea aplicada a la *mezuzá* ("jamba") de cada hogar israelita (ver Éxodo 12:21-22). La Torá también mando que la oreja de un esclavo, quien voluntariamente quería quedarse con su dueño, sea agujerada enfrente de la *mezuzá* (ver Éxodo 21:6). Significativamente, Dios requirió a aquella gente que teme su nombre que públicamente mostraran sus mandamientos en la *mezuzá* de sus casas (ver Deuteronomio 6:9).

La manera en la cual esta costumbre en realidad fue observada tomó varias formas durante la historia judía. Pudiera haber sido literalmente cumplida por la inscripción del mismo poste con la Palabra de Dios. Algunos historiadores especulan que esto hubiera sido una respuesta directa a la costumbre pagana común de colocar un amuleto o un talismán mágico en las puertas para alejar a los espíritus malos. Infortunadamente, muchos judíos a través de la historia le *han* equivocadamente atribuido poderes mágicos a la presencia de la *mezuzá* en la puerta. Esta práctica fue denunciada fuertemente por las autoridades rabínicas, incluyendo al gran comentarista Maimónides.

> Esos ridículos no solo fallan en cumplir la mitzvá en si misma, pero han tomado una gran mitzvá, la cual involucra la Individualidad de Dios y el recuerdo de amarlo y adorarlo, y lo tratan como si fuera un amuleto diseñado para beneficiarlos personalmente... (Birnbaum, Mishná Torá, Mezuzá 5:4).

Contrario a tal superstición, la *mezuzá* debe ser un recuerdo que el Dios de Israel protege, no por la magia, pero por el poder de su palabra.

Sobre el tiempo, se evolucionó la costumbre de fijar un contenedor pequeño a la jamba. Esta cajita fue llamada una *mezuzá* y tomó varias formas funcionales y diseños artísticos. Para ser más preciso, la *mezuzá* es el pergamino que contiene las Escrituras Hebreas; la caja es sencillamente el contenedor ceremonial. Sin embargo, el contenedor entero, incluyendo el pergamino, es generalmente llamado la *mezuzá*.

En el Israel del primer siglo, la *mezuzá* era una costumbre común. El historiador judío, Josefo, en detallando la comunidad del primer siglo en Israel, escribió:

> También deben inscribir la bendición principal que han recibido de Dios en sus puertas, y enseñar la misma memoria de ellas en sus brazos... (Whiston, Los Trabajos Completos de Josefo, Antigüedades 4:8:13 [Inglés]).

Las excavaciones recientes en Qumrán han revelado no solamente una colección vasta de manuscritos, pero también varios tipos de *mezuzot* (forma plural de *mezuzá*). Mientras se desarrollaba el judaísmo rabínico después de la destrucción del Templo (en el año 70 de la era común), los rabinos recetaron leyes detalladas de cómo se debería seguir la costumbre de la *mezuzá*. Estas leyes incluían cómo se escribiría el pergamino, cuales versículos de la Torá se incluirían, y cómo se debería colocar la *mezuzá*. Sin embargo, la diversidad de la comunidad judía en la dispersión condujo al desarrollo de variaciones y costumbres locales. No obstante, después de miles de años de historia, el uso moderno de esta costumbre ha permanecido extraordinariamente consistente. La *mezuzá* permanece como un recordatorio constante de seguir el Dios de Israel.

Observancia judía tradicional

La práctica de colocar la *mezuzá* continúa ser bastante popular. La apariencia de la caja exterior puede variar de temas judíos tradicionales a un carro de juguete para niños. Frecuentemente, el contenedor tendrá la letra hebrea *shin* en el exterior, la primera letra de una característica importante de Dios, *Shaday* ("Todopoderoso"). Adicionalmente, las tres letras hebreas que forman la palabra *Shaday*, Sh-D-Y, son un acrónimo para *Shomer daltot Yisrael* ("Guardián de la puertas de Israel").

La parte más importante del artículo ceremonial es el pergamino dentro del contenedor. En realidad esta es la parte más costosa de la *mezuzá*, puesto que el escriba ha escrito dos pasajes bíblicos (Deuteronomio 6:4-9 y Deuteronomio 11:13-21) a mano en un pergamino "casher" (la piel de animal). Este rollo minúsculo entonces es enrollado con la escritura hacia adentro; sin embargo, la palabra para el nombre de Dios, *Shaday*, aparece en la parte de afuera del pergamino.

Los rabinos ortodoxos determinaron que los *mezuzot* deben ser colocados en cada poste de los domicilios permanentes. Esto incluye todas las puertas exteriores y todas las puertas interiores. Hasta incluye patios o áreas encerradas, puesto que la Biblia dice que debería ser escrito "en tus portones." Aunque no es requerido legalmente, es común ver una *mezuzá* en las puertas de edificios públicos en Israel, o también en sinagogas. La única excepción es para cuartos que no se consideran dignos, como los baños y las casas de baño (Donin, *El Ser un Judío* [Inglés], p. 153).

La *mezuzá* es normalmente colocada a un nuevo hogar o apartamento lo más pronto posible, aunque los rabinos permiten treinta días para cumplir este mandamiento. Cualquier persona mayor de la edad de *Bar Mitzvá*, varón o hembra, es permitida poner la *mezuzá* en la puerta. Antes de clavar o pegar la *mezuzá* a la puerta, se recita la bendición que sigue:

> *Baruj atá Adonay, eloheinu mélej ha'olám, asher kidshanu b'mitzvotav v'tzivanu likbóa m'zuzá.*
>
> Bendito eres Tú, oh Señor, nuestro Dios, Rey del universo, que nos ha santificado con Sus preceptos y nos ha ordenado colocar una mezuzá.

La posición exacta de la *mezuzá* en la puerta puede variar dependiendo de las costumbres de una comunidad judía. Es práctica universal de situar el contenedor en el lado derecho de la puerta cuando uno entra al cuarto, en el tercio más alto de la puerta. Los judíos sefardí (aquellos de tierras españolas o mediterráneas) generalmente colocan la *mezuzá* en una posición recta y vertical. Los judíos ashkenazí (aquellos que tienen raíces de Europa oriental) practican la tradición de inclinar la cabeza de la *mezuzá* hacia el cuarto. Estas costumbres variantes reflejan un debate rabínico de la Edad Media. El estimado Rashí (Rabino *Shlomo ben Yitzjak*) declaró que la *mezuzá* debería ser fijada verticalmente; pero su nieto, *Rabenu Tam*, creía que debería estar en una posición horizontal. En un compromiso rabínico clásico, se decidió que la *mezuzá* debería estar inclinada para reflejar las dos perspectivas (Birnbaum, *Un libro de conceptos judíos* [Inglés], p. 349).

En respeto por esta costumbre importante, es común ver la gente tocar la *mezuzá* cuando pasan por la puerta. Específicamente, uno debe besar los dedos y tocar la palabra *Shaday* para enseñar el amor personal para Dios. Una costumbre tangencial que se ha popularizado entre los judíos contemporáneos es el uso de joyas en forma de *mezuzá*. Aunque un collar es diferente de la *mezuzá* fijada en una puerta, es considerada una linda manera de identificarse con las raíces judías personales y de recordarse de los mandamientos.

La mezuzá es una costumbre importante que Dios ha establecido para ayudar a su pueblo recordarlo a él y a sus maneras.

Pertinencia al Nuevo Testamento

Aunque no hay alguna referencia especifica en el Nuevo Testamento hacia la costumbre del fijar una *mezuzá*, hay un numero de principios interesantes que le aplicarían. Por ejemplo, Yeshúa afirmó la verdad contenida en la *mezuzá*. Cuando un rabino le preguntó a Yeshúa cual mandamiento él consideraba el más importante, él respondió con el pasaje que se encuentra dentro de la *mezuzá*:

> *Shemá Israel, Adonay eloheinu, Adonay ejad.*
>
> Escucha, Israel: El Señor nuestro Dios es el único Señor (Marcos 12:29; cfr., Deuteronomio 6:4-5).

Las palabras de Yeshúa se hacen más significativas en la luz del significado de las puertas y los portones para la cultura judía. Como él les explicó a sus discípulos:

> «Ciertamente les aseguro que yo soy la puerta de las ovejas. Todos los que vinieron antes de mí eran unos ladrones y unos bandidos, pero las ovejas no les hicieron caso. Yo soy la puerta; el que entre por esta puerta, que soy yo, será salvo. Se moverá con entera libertad, y hallará pastos. El ladrón no viene más que a robar, matar y destruir; yo he venido para que tengan vida, y la tengan en abundancia» (Juan 10:7-10).

La puerta o el portón era vital. Era un lugar de entrada para encontrar protección. Igualmente, era el lugar por el cual entrar para recibir la provisión del pastor o del dueño. Como entrada de una propiedad judía, la puerta y el portón hubieran sido marcados como dedicados a Dios por la costumbre de la *mezuzá* (ver Deuteronomio 6:9).

Yeshúa uso el simbolismo asociado con la *mezuzá* para señalar que él era la entrada al Padre. Mientras mucha gente puede creer que la fe en Yeshúa dirige a las restricciones, en realidad Yeshúa afirmó que los que siguen sus caminos encontrarán la medida más llena de la vida. ¿Qué podría ser más realizador que el caminar en la voluntad perfecta del Padre, tal como fue enseñado por el Mesías judío? El simbolismo de la *mezuzá* (las bendiciones de caminar en los mandamientos de Dios) es perfectamente entendido a la luz de que Yeshúa es el portón que conduce a la vida espiritual.

Para los que ya son creyentes en el Mesías, hay una lección adicional por ser deducida de la costumbre de la *mezuzá*. El contendor pequeño marca una casa que es dedicada en seguir a Dios. Igualmente, los creyentes en Yeshúa son llamados a una casa espiritual que es dedicada a la gloria de Dios. Saulo aludió a esto en su carta a los creyentes gentiles de Éfeso cuando él dijo:

> Por lo tanto, ustedes ya no son extraños ni extranjeros, sino ciudadanos de los santos [los judíos remanentes] y miembros de la familia de Dios, edificados sobre el fundamento de los apóstoles y los profetas, siendo [Mesías Yeshúa] mismo la piedra angular. En él todo el edificio, bien armado, se va levantando para llegar a ser un templo santo en el Señor. En él también ustedes son edificados juntamente para ser morada de Dios por su Espíritu (Efesios 2:19-22).

El mensaje de la *mezuzá* es sencillo pero poderoso. ¿Está dedicado el hogar a la gloria y al servicio de Dios? Aún más importante, ¿ha abierto la gente las puertas de sus corazones para permitir que el Mesías viva en ellos diariamente?

> Mira que estoy a la puerta y llamo. Si alguno oye mi voz y abre la puerta, entraré, y cenaré con él, y él conmigo (Apocalipsis 3:20).

Una guía práctica para fijar una Mezuzá

Una comprensión del significado de la *mezuzá* permite que los creyentes mesiánicos sigan esta costumbre con gozo. Aun en el mundo secular, es común tener una fiesta de estreno de casa para celebrar su nuevo hogar. Es aún más significativo para que los creyentes en Yeshúa, judíos o no-judíos, incorporen una ceremonia de dedicación de casa que reconozca a Dios. La muestra publica de *mezuzot* no solo sería un recuerdo a los dueños de su propio pacto con Dios, pero serviría como un testimonio a las visitas de la fe personal de los dueños y la conexión al pueblo judío.

Como se mencionó anteriormente, de acuerdo con la tradición antigua, la *mezuzá* normalmente es colocada en un nuevo hogar entre los primeros treinta días de ocuparlo. Una *mezuzá* usualmente se coloca en cada puerta de la casa, excepto las puertas de los baños. Sin embargo, el requisito mínimo para los judíos observantes es una *mezuzá* en la puerta principal.

Antes de fijar el contenedor, se recita la bendición que sigue:

> *Baruj atá Adonay, eloheinu mélej ha'olám, asher kidshanu b'mitzvotav v'tzivanu likbóa m'zuzá.*
>
> Bendito eres Tú, oh Señor, nuestro Dios, Rey del universo, que nos ha santificado con Sus preceptos y nos ha ordenado colocar una mezuzá.

Se clava o se pega la *mezuzá* a la jamba derecha de la puerta, con la cabeza del contendor inclinado hacia el cuarto. En adición a las bendiciones y los versículos tradicionales, es apropiado compartir algunas Escrituras del Nuevo Testamento que sean relacionadas con el significado de la *mezuzá* y tener un tiempo de oración personal.

Que la costumbre de *mezuzá* establecida por Dios sea una bendición para todos. Que los creyentes en Yeshúa afirmen de una manera nueva: "Por mi parte, mi familia y yo serviremos al Señor" (Josué 24:15).

7

Cashrut

Las leyes dietéticas

Antecedentes históricos

El Señor les ordenó a Moisés y a Aarón que les dijeran a los israelitas: «De todas las bestias que hay en tierra firme, éstos son los animales que ustedes podrán comer: los rumiantes que tienen la pezuña partida en dos. Hay, sin embargo, rumiantes que no tienen la pezuña partida. De esos animales no podrán comer... De los animales que hay en las aguas, es decir, en los mares y en los ríos, ustedes podrán comer los que tengan aletas y escamas. En cambio, considerarán inmundos a todos los animales de los mares y de los ríos que no tengan aletas ni escamas, sean reptiles u otros animales acuáticos... Ésta es la ley acerca de los animales y de las aves, y de todo ser que mueve dentro de las aguas o que se arrastra por el suelo, para que así puedan distinguir entre lo puro y lo impuro, y entre lo que se puede comer y lo que no se debe comer» (Levítico 11:1-4, 9-10, 46-47).

Una de las costumbres más importantes dada por Dios al pueblo judío es la de *cashrut* (forma sustantiva de "casher," las leyes dietéticas). Si algo ha distinguido a Israel a través de las generaciones, es la realidad que tenía que seguir una dieta especial. Las razones para estas costumbres extrañas pueden ser mejor entendidas por pensar del plan entero de Dios para su pueblo pactado. Los israelitas son su nación apartada para realizar su voluntad. El pueblo judío siempre ha tenido el mandato de enseñarles a las naciones de la unicidad del Dios de Abraham, de Isaac y de Jacob.

Por un lado, hay muchos beneficios saludables y físicos de las leyes detiéticas, especialmente durante el Medio Oriente antiguo. Sin embargo, lo que no se debería pasar por alto es que hay muchas lecciones espirituales vitales por ser aprendidas de la tradición de *cashrut*. La característica religiosa de la dieta y las comidas siempre han sido acentuadas en el judaísmo, como es visto en la cita que sigue:

> Los varios aspectos de la comida—todos los cuales la santifican—están conectados a este pensamiento que la mesa es un altar. La comida es santificada con bendiciones antes y después, por medio de la Torá y la canción, por medio de la caridad y la meditación. En los niveles más altos del alcance espiritual, el motivo para comer no debe ser la satisfacción de nuestras necesidades o nuestros placeres personales, pero debe ser conectado a Dios y debe ser un servicio a Dios. El comer debe ser un acto de devoción (Buxbaum, Prácticas Espirituales Judías [Inglés], p. 226).

Una comprensión de *cashrut* se puede obtener con la lectura de Levítico 11, el pasaje central sobre *cashrut*. Mucho después del rescate de los hijos de Israel de Egipto, Dios habló en gran detalle sobre la forma en la cual su pueblo pactado debería vivir. Sin embargo, es importante notar que *cashrut* no tiene nada que ver con la experiencia de la salvación personal. En este contexto, estos mandamientos se les dieron a aquellos que ya conocían a Dios como su Padre. El pasaje de Levítico 11 relata los eventos que tomaron lugar mucho después de la experiencia de "salvación" detallada por Éxodo 14. Igualmente en todas las costumbres establecidas por Dios, fueron otorgadas para ayudar a los creyentes recordar y apreciar lo que Dios en su gracia ha hecho por ellos.

Como creyentes en Yeshúa el Mesías, es crucial estudiar las verdades de la Torá por medio del lente de la revelación total del Nuevo Testamento. El Mesías ha venido y los creyentes deberían esperar que él explicara el significado espiritual de las costumbres judías, incluso *cashrut*. En muchas maneras, los judíos mesiánicos y los gentiles de mismo pensamiento, están regresando a una comprensión verdadera de la Torá hacia las leyes dietéticas.

El capítulo 11 de Levítico es el relato más detallado de los principios de *cashrut*. En los primeros ocho versículos, el capítulo detalla las leyes de los mamíferos. Los animales puros que son permitidos para la consunción son llamados *tahor* (un sinónimo hebreo para "casher"). Las calificaciones para estos mamíferos son que deben ser rumiantes y deben tener la pezuña parida en dos (p. ej., la vaca y la oveja). Sin embargo, hay otros mamíferos que son clasificados como *tamé* ("impuros"). En el lenguaje diario del pueblo judío, es normal referirse a la comida impura como *taref*.

Hay muchos animales que ni son rumiantes ni tienen la pezuña partida que son claramente excluidos y no están registrados en la Biblia. Es interesante notar a los animales que cumplen con uno de los dos requisitos. Por ejemplo, el camello es un rumiante pero no tiene la pezuña partida. Mucha gente ve al cerdo como el animal más impuro, pero está registrado en Levítico 11 porque cumple con uno de los requisitos—tiene la pezuña partida.

¿Por qué era necesario tener una pezuña partida? Todos los animales listados que cumplen con este requisito son herbívoros, es decir, comen la vegetación. El ser vegetariano le ayudó a Israel evitar algunos parásitos que con frecuencia se desarrollan en los carnívoros. El cerdo es un omnívoro, que significa que no le importa para nada si come vegetación o si come carne.

¿Por qué era necesario ser rumiante? Se sabe que estos animales tienen un sistema digestivo más efectivo (dos o tres estómagos) que sirve como un filtro contra elementos potencialmente peligrosos en la comida. Aquellos animales que no son rumiantes consumen cualquier cosa, lo cual es transferido al flujo sanguíneo. Uno puede comenzar a apreciar la sabiduría de la Torá en estos detalles.

Presumiendo que un animal es *tahor* ("casher"), hay todavía otro factor para la descalificación que puede aplicarse. Si el animal murió violentamente de una manera que pudiera haber dañado sus órganos internos, era *tarefá* (ver Éxodo 22:31). Esta palabra hebrea literalmente significa "desgarrada" y gráficamente describe a un animal que ha sido matado por bestias salvajes. Este mandamiento parece ser atado a la importancia que las Escrituras ponen sobre la sangre. Debido a este respeto por la sangre, el animal tenía que ser matado de una manera apropiada. Por las mismas razones, la Torá también excluye el comer de cualquier animal, aun los *casher*, que murió naturalmente (ver Levítico 11:39-40). Este tipo de animal es llamado *nevelá* ("cadáver") y es totalmente prohibido porque no ha sido matado; pues ha retenido su sangre.

En Levítico, hay definiciones establecidas para determinar si un pez es *casher* o no (ver Levítico 11:9-12). El pez tiene que tener tanto las aletas como las escamas. Estas características incluyen muchos peces, pero excluyen a un cierto número de especies notables. El tiburón y el bagre caben la descripción de lo que no es casher. No tienen escamas. Los que no tienen aletas se refiere a cualquier tipo de marisco, que incluye la langosta y los camarones.

¿Por qué importa si el pez tiene aletas o escamas? Los peces sin aletas o escamas generalmente son los carroñeros del mar. Por lo tanto, estas especies contienen niveles altas de toxinas (p. ej., el mercurio) y un colesterol alto. Ciertamente, ellas son parte de la creación de Dios. Tales carroñeros fueron diseñados a ser los "trituradores de basura" de su mundo. Está es una función necesitada; sin embargo, no son hechos para ser la comida del pueblo pactado de Dios.

Ideas similares se pueden ver en las leyes sobre las aves casher y no-casher (ver Levítico 11:13-19). Mientras no se mencionan cuales son la calificaciones para lo que es y no es casher, la Biblia da una lista corta de las aves que se consideraban *taref*. El águila, el buitre y el búho son ejemplos de tales aves que no se deben comer. ¿Cuál es la conexión?

Como en la categoría de los peces *taref*, todas estas criaturas son aves carroñeras o aves de rapiña. Es importante notar que recientemente muchas de estas aves han sido puestas en vías de extinción (notablemente el cóndor de California) por la toxicidad alta que ingieren en su dieta. Puesto que son aves carroñeras, están al final de la cadena alimenticia. Por lo tanto, ingieren la concentración más alta de las substancias que causan problemas para el reino animal entero, por ejemplo, los químicos y la contaminación. Estas aves sirven como una función importante en ayudar a limpiar el medio ambiente, pero no fueron hechas para ser comida.

Una categoría final acentuada en la Torá es la de los insectos y las criaturas que se arrastran por el suelo (ver Levítico 11:20-23, 42-43). Esto incluye a cualquier culebra o lagarto y a cualquier delicia dietética como los *escargot* ("caracoles") o las hormigas chocolateadas. Estos insectos y estas criaturas que se arrastran por el suelo no fueron hechos para ser comida.

¿Por qué mandó Dios al pueblo de Israel que siguiera esta dieta tan especializada? Las razones parecen ser doble. La suposición inicial es que hay beneficios inherentes en *cashrut*. Con frecuencia se señala que estas leyes han proveído una protección importante de salud, especialmente en el Medio Oriente antiguo. Antes de los días de la refrigeración, estas leyes protegieron a Israel de tales problemas de salud como la triquinosis, que normalmente se encuentra en el cerdo.

Aunque, ésta puede ser suficiente razón como para apreciar los principios de *cashrut*, parece haber otra razón aún más importante en por qué Dios le dio estas leyes al pueblo judío. Consideraciones de salud sencillas no pueden explicar todos los detalles de *cashrut*; una cabra o una gallina de corral puede vivir una existencia más sucia que un camello, o incluso un cerdo. La razón más importante para *cashrut* es resumido por el Rabino Donin:

> En realidad, los términos judíos para declarar los animales como puros e impuros son tahor y tamé. Estos son términos que nunca se usan para describir la pureza o impureza física, más bien para un estado de ser espiritual o moral. El término

> tamé es usado solo en relación a las deficiencias morales o religiosas que contaminan el alma y el carácter del hombre, en particular el incesto y la idolatría, y para caracterizar la ausencia de la pureza ritual. También se traduce como la profanación. Las criaturas declaradas tamé no solamente eran prohibidas como comida, pero también para los propósitos sacrifícales. Las palabras puro e impuro en [español], por lo tanto, deben ser entendidas como la pureza y la profanación en un sentido espiritual-ritual (Donin, El Ser un Judío [Ingles], p. 99).

Esto señala a la declaración abreviada del propósito principal de las leyes dietéticas que se encuentra en Levítico:

> Yo soy el Señor, que los sacó de la tierra de Egipto, para ser su Dios. Sean, pues, santos, porque yo soy santo (Levítico 11:45).

El simbolismo espiritual es aún más importante que los beneficios de salud que se encuentran en *cashrut*. Israel fue llamado a ser un pueblo distinto, santo y apartado para los propósitos de Dios. No había mejor manera de mantener su pueblo distinto de las naciones paganas que por darle una dieta separada. Cada comida le recordaba al judío observante que su llamado era diferente del llamado del mundo. Puesto que Dios es apartado y único, así también sus hijos deberían ser apartados y únicos. Entendido de esta manera, uno puede apreciar los detalles de *cashrut* como una costumbre establecida por Dios para ayudar a sus hijos recordar quienes son y cómo deberían vivir.

Observancia judía tradicional

El énfasis que pone la Torá sobre las leyes dietéticas ha causado que la comunidad judía continué estas practicas de generación en generación. Sin embargo, los rabinos le agregaron muchos puntos más finos a la comprensión de *cashrut*.

Los rabinos lucharon con las leyes con respecto a exactamente cómo se debería matar un animal casher. Ya que no se comerían los animales *nevelá* ("cadáver") ni los animales *tarefá*, se entendía que aun los animales casher deberían ser matados de manera ritual. La única excepción era para los peces que ya se consideraban aceptables de acuerdo a Números 11:22 ("degollaran rebaños y manadas... [pero] pescaran todos los peces del mar"). El proceso de sacrificar o degollar se llama *shjitá*, la forma sustantiva de la palabra en Deuteronomio 12:21, "podrás sacrificar animales..." Aunque la Biblia no da más detalles sobre cómo deben ocurrir estos sacrificios de animales, los rabinos desarrollaron un sistema elaborado para *shjitá*. Este modo ritual de sacrificio es realizado por un carnicero casher, llamado un *shojet*, que tiene que ser un judío piadoso, respetado por la comunidad. Él realiza sus tareas como una obligación religiosa mientras otorga las bendiciones hebreas apropiadas.

Hay un número de aspectos a la *shjitá* rabínica. Primero, debe ser notado que este tipo de sacrificio ritual es considerado lo menos doloroso para el animal. El proceso es sencillo; el *shojet* usa un cuchillo impecable para cortar el gollete del animal. Esta técnica se usa para cortar los nervios mayores, la cual rinde al animal inconsciente. Esto también es la mejor manera de drenar la sangre, puesto que corta venas y arterias mayores. Esto cumple con la prohibición bíblica contra comer sangre en que no deja la sangre coagularse dentro de la carne.

Mientras hay hoy en día debate considerable sobre los derechos animales y la crueldad hacia los animales, se ha encontrado que el método de sacrificio *shjitá* es posiblemente el más humano. Muchos métodos modernos en los cuales le dan un descargue eléctrico al animal antes de matarlo actualmente causan heridas que lo hace no-casher. Muchos doctores y sienititas han acordado que puesto que el método *shjitá* deja el animal instantáneamente insensible, el modo judío de sacrificio es eminentemente humano (Donin, *El Ser un Judío* [Inglés], p. 107).

Aun con los patrones estrictos de *shjitá*, hay otras maneras adicionales en las cuales casherizar la carne antes de comerla. Para garantizar que quede solo la mínima cantidad de sangre en la carne, la tradición judía especifica dos métodos para seguir. El primer método involucra remojar la carne y usar el método de salazón. Esto se lleva a cabo por completamente lavando e sumergiendo la carne en agua para que remoje por una media hora. En aquel momento, se quita la carne del agua y se cubre totalmente con "sal casher" áspera para salazón por el periodo de una hora. Después se vuelve a lavar la carne para quitarle el resto de la sal y cualquier sangre que haya sido retirada por la sal. Muchas veces el *shojet* casherizará la carne de esta manera antes que sea vendida al cliente. Si no, es la responsabilidad del cocinero preparar la carne de este modo. Entonces, la carne está lista para ser cocinada en cualquier modo deseado. Se asume que se ha quitado la sangre.

El otro método de quitar la sangre que sobra es simplemente por asando la carne en una parilla (no en un sartén) para que la sangre chorree de la carne. Este método solo se usa cuando no es práctico remojar y salar (p. ej., cuando cocinando hígados de gallina).

Deber se notado que carnes casher congeladas se pueden conseguir en muchos mercados. Éstas han sido casherizadas en el modo detallado antes de ser empaquetadas y vendidas. La carne exhibirá un sello de *cashrut* (p. ej., una U o una K) de unas de las juntas rabínicas ortodoxas, indicando que es casher.

Otra interpretación rabínica de *cashrut* es la separación de la leche y los productos de carne. Esto se deriva de una referencia algo indirecta en la Torá, "No cocerás ningún cabrito en la leche de su madre" (Éxodo 23:19). Las autoridades antiguas dijeron que para asegurarse que no se rompiera este mandamiento, uno debe de abstenerse de ingerir la leche y la carne juntas durante la misma comida. Interesantemente, Maimónides entendió esto como una prohibición contra la observancia de una práctica religiosa cananea grotesca. Así, esta ley es otro ejemplo de Dios diciéndole a Israel que no siguieran los modos de los paganos que los rodeaban.

Las implicaciones de esta tradicion son inmensas. Un judío tradicional tiene que tener cuidado no solamente de comer la carne casher pero también tiene que tener cuidado a no mezclar la carne con ningún producto de leche. Así que no existe tal cosa como una hamburguesa casher. Adicionalmente, esto significa que se deben usar dos juegos de platos y dos juegos de utensilios separados para asegurarse que no haya contacto entre la leche y la carne. En yídish, estos se designan como los platos y cubiertos *milchig* (lácteos) o *fleishig* (cárneos). Adicionalmente, es necesario tener ollas y contenedores separados para los productos de leche y los productos de carne. Hay una manera de casherizar los platos y los contenedores (por hervir en agua o quemar con una llama), pero como es tanto trabajo, la opción más fácil es tener otro conjunto separado de utensilios. Hay un tratado entero en el Talmud sobre qué es lo que constituye un contenedor casher o no-casher (*Talmud babilonio*, Kelim).

También hay algunas comidas que se consideran neutrales (p. ej., los vegetales, el chocolate, las gaseosas, etc.) y estas se llaman *parve*. Pueden servirse con leche o carne. En nuestra sociedad moderna, hay nuevas opciones para la cocina casher que incluyen la margarina y las cremas en polvo. En términos prácticos, un judío observante tiene que tomar mucho cuidado en no ingerir leche y carne juntas, pero esperar un periodo de tiempo establecido antes de comer de otra categoría de comida. Mientras el Talmud no define específicamente la duración de tiempo, una práctica común es esperar por lo menos seis horas, o hasta la próxima comida, después de comer *fleishig*, antes de comer *milchig*. Como la leche es más fácilmente digerida que la carne, es aceptable comer *fleishig* poco después de haber tenido una comida de *milchig*. Adicionalmente, lo *milchig* y lo *fleishig* debe ser guardado separadamente en un refrigerador, y se debe lavar la loza separadamente. Alguna gente, por conveniencia, hasta usa dos lavaplatos para garantizar *cashrut*.

Otra costumbre importante asociada con *cashrut* es la exclusión del nervio ciático, el cual corre por el cuarto trasero de un animal. En realidad, esto está basado en la orden bíblica en la historia de la lucha de Jacob contra el Ángel del Señor (ver Génesis 32:32). Aunque algunos quitan el nervio ciático durante el proceso casherizador, con frecuencia se encuentra un trabajo muy duro para hacer una ganancia. Por lo general, simplemente no se usa el cuarto trasero en la cocina casher.

Adicionalmente, la Biblia prohíbe el comer de ciertos tipos de grasa, usualmente los que rodean a los órganos vitales.

Esto es en contra-distinción a la grasa alrededor de los músculos y de la piel, las cuales son permitidas.

Este resumen breve ilustra qué asombroso puede ser el estilo de vida casher. Las reglas son muchas. Hubo personas que han perdido la perspectiva de la intención de *cashrut* y han caído en el legalismo. Sin embargo, cuando es entendido adecuadamente, se obtendrá una apreciación por las verdades espirituales de la Torá. Todo lo que se hace debe ser un recuerdo del pacto con Dios. El pueblo judío es un pueblo distinto, santo, y apartado. Hasta la misma dieta de los judíos es un recordatorio constante de su llamado a ser un pueblo "casher" en este mundo.

La Pertinencia al Nuevo Testamento

Puede sorprender que *cashrut* tenga cualquiera pertinencia al Nuevo Testamento. Muy frecuentemente es descartado levemente como una de esas costumbres arcaicas de la Ley. Sin embargo, el asunto de *cashrut* es tratado como un tema de discusión importante varias veces en el Nuevo Testamento. Era un tema muy importante cuando los judíos comenzaron a creer en Yeshúa. ¿Deberían vivir un estilo de vida casher desde que aceptaron al Mesías judío? En un discurso a las multitudes, Yeshúa dijo:

> ... «Escúchenme todos —dijo— y entiendan esto: Nada de lo que viene afuera puede contaminar a una persona. Más bien, lo que sale se la persona es lo que la contamina.» Después que dejó a la gente y entró en la casa, sus [talmidim] le preguntaron sobre la comparación que había hecho. «¿Tampoco ustedes pueden entenderlo? –les dijo— ¿No se dan cuenta de que nada de lo que entra en una persona puede contaminarla? Porque no entra en su corazón sino en su estómago, y después va a dar a la letrina.» Con esto [Yeshúa] declaraba limpios a todos los alimentos. Luego añadió: «Lo que sale de la persona es lo que contamina. Porque de adentro, del corazón humano, salen los malos pensamientos, la inmoralidad sexual, los robos, los homicidios, los adulterios, la avaricia, la maldad, el engaño, el libertinaje, la envidia, la calumnia, la arrogancia y la

necedad. Todos estos males vienen de adentro y contaminan a la persona» (Marcos 7:14-23).

Estas deberían haber sido palabras asombrosas para esos discípulos judíos. No les sonarían menos asombrosas para los oídos judíos de hoy. Generalmente es presumido por los teólogos cristianos y judíos que estas palabras de Yeshúa niegan todo el *cashrut*. Sin embargo, esta interpretación es más difícil de comprender cuando es comparada con otras declaraciones por Yeshúa, en las cuales él defiende cada letra de la Torá (ver Mateo 5:17). No cabe duda que el Mesías estaba enseñando que el principio divino de las leyes dietéticas siempre fue espiritual. Dios siempre mira al corazón antes de la dieta.

Sin embargo, una reexaminación más cerca del contexto de Marcos 7 revela que Yeshúa no se dirige primeramente a la comida, pero más hacia el rito de lavar. Es claramente declarado que esta discusión entera fue empezada por los rabinos que estaban condenando a los discípulos de Yeshúa por no *lavarse* las manos ni *casherizar* su loza adecuadamente (ver Marcos 7:1-4). Esto es confirmado aún más cuando parte de la respuesta del Mesías a los rabinos indica que lo que cuenta no es lo externo (las manos o las jarras impuras) sino lo interno.

El asunto *no* era sobre las comidas no-casher. Probablemente, la comida siendo discutida se consideraba bíblicamente casher. El asunto principal era si esta comida casher se rendiría como *taref* porque los discípulos no habían seguido las prácticas rabínicas. Contrario a la creencia popular, Yeshúa no estaba proclamando la venida del "cerdo casher," pero simplemente estaba afirmando la prioridad de las Escrituras sobre la autoridad de los rabinos. Otra clave para este pasaje está en el definido judío de la palabra "alimentos" (versículo 19). A la luz de la comprensión judía de lo que si se consideraba y no se consideraba comida, se puede ver que Yeshúa no estaba anulando los preceptos bíblicos de las leyes dietéticas. De la perspectiva judía, el cerdo, el perro y el caracol, por ejemplo, *no* se consideraban "alimentos" para la consunción. Es claro que hay un contexto a estas declaraciones que no se puede ignorar. En este pasaje Yeshúa afirmó que un filete de carne no se hace impuro solo porque no se siguieron todas las normas rabínicas (Juster, *Las Raíces Judías* [Inglés], p. 126).

Muchos creyentes le atribuyen el cambio de las leyes dietéticas a Saulo de Tarso. Romanos 14 trata con el asunto de *cashrut*. Las conclusiones de Saulo lo guiaron a la pauta importante de la libertad basada en las convicciones personales de cada persona.

Sin embargo, una reexaminación más cerca de este capítulo enseña que el asunto no era sobre el permiso de un judío para comer la comida no-casher; el asunto era sobre el comer de la carne o el ser un *vegetariano*. En su carta al joven creyente judío, Timoteo, Saulo escribió con respecto a sus propias convicciones de su dieta personal:

> [Esos maestros falsos] prohíben el matrimonio y no permiten comer ciertos alimentos que Dios ha creado para que los creyentes, conocedores de la verdad, los coman con acción de gracias. Todo lo que Dios ha creado es bueno, y nada es despreciable si se recibe con acción de gracias, porque la palabra de Dios y la oración lo santifican (1 Timoteo 4:3-5).

Saulo no estaba diciendo que cualquier cosa comestible es casher. Una reexaminación más cerca enseña que él dio dos criterios para definir lo que constituye los "alimentos." Una es la oración (la bendición hebrea tradicional). Los judíos observantes siempre otorgan una *b'rajá* ("bendición") sobre las comidas antes que sean consumidas. Hay bendiciones para las frutas, los vegetales y una comida entera si se sirve pan. Un ejemplo de una de estas bendiciones es:

> *Baruj atá Adonay, eloheinu mélej ha'olám, ha'motzí lejem min ha'aretz. Amén.*

> Bendito eres Tú, oh Señor, Rey del universo que hace salir el pan de la tierra. Amén.

No es suficiente solo bendecir a Dios en oración *antes* de comer, mas en la tradición judía siempre ha sido importante bendecir a Dios *después* de la comida también. Esto es basado en el mandato de la Torá, "Cuando hayas comido y estés satisfecho, alabarás al Señor tu Dios..." (Deuteronomio 8:10). Esta oración, llamada *birkat ha'mazón* ("bendición sobre los alimentos") es la más detallada, más o menos de cuatro a cinco paginas de larga. Tiene más sentido cantar la oración más corta antes de comer y cantar la más larga después de la comida satisfactoria. Yeshúa bendijo a Dios de esta manera tradicional cuando bendecía la comida. Aunque hay lugar para la oración personal, parece que Saulo probablemente tenía esta costumbre importante en mente cuando le escribió a Timoteo.

Definiendo la palabra "alimentos," no solo son importantes las bendiciones pero sumamente significativo es la otra medida de Saulo: la Palabra de Dios (versículo 5). Los maestros falsos de los cuales se hablan en este pasaje parecen haber dudado el *cashrut* de ciertas comidas que no fueron preparadas de acuerdo a las tradiciones rabínicas. Saulo responde por decir que las Escrituras son la corte final de arbitración.

¿Y que del *cashrut* hoy en día? Para los judíos mesiánicos y los gentiles, si una comida está registrada en la Biblia (p. ej., Levítico 11) y es recibida con acción de gracias, es casher. Saulo de ninguna manera estaba implicando que una oración sobre cerdo o mariscos los certificaría casher. Habría dificultad en encontrar una bendición hebrea para cualquiera de los dos. Este pasaje en 1 Timoteo confirma lo que enseñó Yeshúa; los discípulos deben preocuparse de las lecciones espirituales de *cashrut* en vez de preocuparse de los detalles rabínicos y extra-bíblicas. Posiblemente es irónico que este versículo expresa precisamente lo que prescribían los rabinos para santificar a los alimentos –la Torá y las bendiciones (ver cita anterior de Buxbaum).

Hay libertad en la fe mesiánica. Sin embargo, esa misma libertad permite que los seguidores de Yeshúa escojan seguir y apreciar el significado espiritual de *cashrut* (ver Levítico 11:45; Marcos 7). Es una dieta que recuerda al creyente de su llamado santo del Mesías. En segundo lugar, no se debería pasar por alto que hay beneficios físicos en la observancia de las leyes dietéticas. Hay un chiste viejo en el cual un creyente confundido, habiendo estudiado *cashrut*, le pregunta a su líder mesiánico: "¿Quisiste decir que un poquito de tocino me prohibirá la entrada al cielo?" "Al contrario," explico el maestro. "¡Podrás llegar más pronto!"

Tener un corazón y una vida casher son las prioridades divinas de Dios. Aun así, todo viene al principio importante del Nuevo Testamento: "Porque el reino de Dios no es cuestión de comidas o bebidas sino de justicia, paz y alegría en el [*Rúaj HaKódesh*]" (Romanos 14:17).

Una guía práctica para la observancia mesiánica de Cashrut

Mucho de lo que se ha discutido en la perspectiva tradicional a *cashrut* puede ser aplicada a un estilo de vida judío mesiánico. Una característica distintiva es la libertad que tienen los creyentes en el *Rúaj HaKódesh* a aplicar ciertas costumbres. Como en la comunidad judía tradicional, hay una diversidad grande entre los creyentes en Yeshúa con respecto a *cashrut*. Muchos siguen la dirección que se puede llamar "casher bíblico." Este estilo de vida enseña deferencia a las leyes dietéticas bíblicas. Por lo tanto, solo se comen los animales casher; se evitan los animales *taref*. El cerdo, los mariscos y los peces impuros que son detallados en Levítico 11 también se evitan.

Con frecuencia se hace la pregunta de qué hacer con las costumbres extra-bíblicas que han incluido los rabinos. Hay un consenso general, cuando se consideran las enseñanzas del Nuevo Testamento, que los creyentes mesiánicos no están *obligados* por las tradiciones del hombre. El mezclar de la leche y la carne, por ejemplo, mientras es una tradición judía tradicional, no es ley bíblica. Esto significa que las leyes sobre la vajilla, los utensilios y las ollas separadas no es un asunto grande para vivir un estilo de vida bíblico. Por su puesto, hay personas quienes escogerán seguir los elementos de la tradición rabínica. Esto está bien con tal que no contradiga las Escrituras y sea hecho con una actitud espiritual positiva.

Un creyente mesiánico querrá comprar carne de un carnicero casher o también mantener dos vajillas. Algunos creyentes preferirán algunas modificaciones. Cualquier dirección que tome el creyente mesiánico para *cashrut*, es prudente caminar en el amor y hacerle caso al consejo del Nuevo Testamento: "ya sea que coman o beban o hagan cualquier otra cosa, háganlo todo para la gloria de Dios" (1 Corintios 10:31).

8

Mikvé

El ritual de la Inmersión

Antecedentes históricos

> El Señor le dijo a Moisés: «Ésta es la ley que se aplicará para declarar pura a una persona infectada. Será presentada ante un sacerdote, quien la examinará fuera del campamento. Si el sacerdote comprueba que la persona infectada se ha sanado de su enfermedad, mandará traer para la purificación de esa persona dos aves vivas y puras, un pedazo de madera de cedro, un paño escarlata y una rama de hisopo...Luego rociará siete veces a quien va ser purificado de la infección, y lo declarará puro. Entonces dejará libre a campo abierto el ave viva...El que se purifica deberá lavarse la ropa, afeitarse todo el pelo y bañarse. Así quedará puro» (Levítico 14:1-4, 7, 9).

El bautismo suena como un concepto tan no-judío, ¡*oy vey* ("ay" en yídish)! Muchos saltan a esta conclusión basada sobre los últimos dos mil años de la historia de la iglesia. Sin embargo, como en muchos de los otros aspectos del cristianismo, casi todos regresan a sus raíces judías. Algunos lo encontrarán difícil hacer la conexión entre el bautismo y las costumbres judías, pero los hechos históricos son irrefutables.

Mucha de la confusión proviene la palabra misma, bautismo. *Baptidzo* es el equivalente griego para la palabra hebrea *t'vilá* ("inmersión total"). El concepto de las limpiezas ceremoniales es igual de antiguo a la misma Torá. Dios les mandó a los hebreos que lavaran su ropa antes de que él les diera la Ley en el Monte Sinaí (Éxodo 19:10). En Levítico, capítulos 8 y 16, se les mandó a Aarón y a sus hijos a lavarse antes de ministrar en el Tabernáculo. Había limpiezas ceremoniales para los varios flujos de los fluidos del cuerpo, como la menstruación de una mujer (ver Levítico 15). Pero, es posible que el pasaje en la Torá más detallado sobre la *t'vilá* sea el anterior que se trata de la curación de la lepra.

Esta infección cutánea horrible era la más temida de aquellos días. Era la plaga incurable que dejaba sus victimas a la misericordia de Dios. Sin embargo, cuando Dios realizaba lo milagroso y se curaba un leproso, la ceremonia detallado se llevaba a cabo. Los sacrificios designados se traían al Tabernáculo o al Templo, después que un sacerdote confirmarse que había ocurrido una curación verdadera. Es importante notar que la persona solo era inmergida después que se había confirmado su recuperación. Obviamente esto no fue intencionado para la limpieza física. Puesto que la inmersión tomaba lugar después de la curación, claramente señala a la limpieza espiritual.

Mientras era posible tener la inmersión en una masa de agua como un lago o un río, se desarrollo la práctica de construir un arca de agua especial, llamada una *mikvé*. El nombre proviene de la palabra hebrea para "colección o reunión" y habla de un lugar donde se reúnen las aguas de la inmersión. El primer uso bíblico de la palabra específica *mikvé* se encuentra en Génesis 1:9, donde Dios habló por la colección de las aguas durante la semana de creación. En 1 Reyes 7:23ff, se señala que Salomón había construido más de dos mil "bañeras" para que el sacerdocio realizara sus obligaciones en el primer Templo. Descubrimientos recientes en Israel han encontrado muchas *mikve'ot* (forma plural de *mikvé*) en las excavaciones arqueológicas del recinto del segundo Templo. Igualmente, se ha encontrado que la comunidad de Qumrán (los Esenios) no solo escribieron sobre la importancia de *t'vilá*, pero también construyeron muchas *mikve'ot* en el desierto de Judea (Connolly, *Viviendo Durante la Época de Jesús de Nazaret* [Inglés], p. 31).

La práctica de *mikvé* fue bastante común durante el periodo del segundo Templo, como se señala por muchas referencias a la costumbre en el Talmud. Las inmersiones rituales para la curación y el servicio continuaron tal como fueron recetadas por la Torá. Sin embargo, especialmente interesante es la práctica de *t'vilá* para los conversos gentiles al judaísmo. De acuerdo a las discusiones del Talmud, esta costumbre fue instituida algún tiempo antes del primer siglo. Las dos opiniones rabínicas, principales *beit* Shamai ("casa de Shamai") y *beit* Hilel ("casa de Hilel"), debatieron los requerimientos de los no-judíos para unirse a Israel. Mientras Shamai enfatizó la prioridad de la circuncisión, Hilel contendía que *mikvé* era más importante porque simbolizaba el arrepentimiento y la pureza espiritual. Maimónides articuló sobre esta analogía de la *mikvé* (Birnbaum, *Mishná Torá*, Mikva'ot 11:12) en aplicándola al versículo de Ezequiel que habla de la nueva vida espiritual:

> Los rociaré con agua pura, y quedarán purificados. Los limpiaré de todas sus impurezas e idolatrías (Ezequiel 36:25).

Efectivamente, las aguas de la *mikvé* todavía retienen lecciones espirituales abundantes para los que tomen una mirada más cerca a esta costumbre establecida por Dios.

Observancia judía tradicional

Esta práctica de la *mikvé* todavía es seguida por los judíos de hoy. Hay algunos cambios aparentes de la práctica antigua desde la destrucción del Templo en al año 70 de la era común. Con este evento traumático, muchas de las leyes en la Biblia se consideraron obsoletas. El sistema de sacrificio ya no existía, y los sacerdotes no tenían un lugar en donde servir. Con el Templo en ruinas, el judaísmo rabínico fue forzado a ajustar enseñanzas bíblicas para acomodar la nueva realidad que enfrentaba al pueblo judío. Su conclusión, después de mucha discusión, fue de sustituir oraciones prescritas y obras justas en vez del requerimiento bíblico del sacrificio.

Con la destrucción del Templo, la costumbre de *mikvé* también cambio. Las purificaciones para los sacerdotes y para las curaciones relacionadas ya no eran practícales. Sin embargo, el judaísmo moderno mantuvo la necesidad por *mikvé* en algunas situaciones. Una es para la limpieza de la mujer por la purificación de la *nidá* (literalmente "apartada o separada"), después de su menstruación. La Torá específica que una mujer se separará de su esposo por siete días de este tiempo del mes, absteniéndose de relaciones sexuales (Levítico 15:19-24). Los rabinos generalmente interpretaban esto a significar siete días desde el tiempo de la finalización de la menstruación; así, un total acerca de doce días. Después de aquellos días, una mujer judía debe ir a una *mikvé* local. Sin embargo, antes de la inmersión, ella debe limpiarse meticulosamente para quitarse hasta la mugre más pequeña. Solo entonces podrá tomar la inmersión entera en la *mikvé*. La inmersión es claramente intencionada para la purificación espiritual, porque ocurre después del baño limpieza. Los hombres ortodoxos también se inmergirán en la *mikvé* en preparación espiritual para el *shabat* o para uno de los días santos.

Otro uso moderno de la *mikvé* es para la inmersión de gentiles que desean convertirse al judaísmo rabínico. Los detalles de cómo se hace esto varían de grupo a grupo, pero la mayoría está de acuerdo que se necesita la ceremonia para asegurar la realidad de la conversión. Después de una serie de estudios, generalmente de las costumbres hebreas y judías, se le es requerido al nuevo converso ser inmergido completamente en las aguas de una *mikvé* casher. Como se considera importante que toda parte del cuerpo sea inmergida en el agua, una ceremonia de *t'vilá* normal usualmente se lleva a cabo en una casa de baño privada. Una vestimenta suelta se podría usar por razones de modestia, y la inmersión debe ser presenciada por un miembro del mismo género.

Las bendiciones que siguen son recitadas después que la persona se inmerja una vez:

> *Baruj atá Adonay, eloheinu mélej ha'olám, asher kidshanu b'mitzvotav v'tzivanu al ha't'vilá.*
>
> Bendito eres Tú, oh Señor, nuestro Dios, Rey del universo, que nos ha santificado con sus preceptos y nos ha ordenado en lo concerniente a la ritual inmersión.

En el caso de un nuevo converso al judaísmo rabínico, se agrega una bendición adicional:

> *Baruj atá Adonay, eloheinu mélej ha'olám, shehejeyanu v'kimanu v'higuianu lazman ha'zé.*
>
> Bendito eres Tú, oh Señor, nuestro Dios, Rey del universo, que nos ha mantenido con vida, nos sostuvo y nos ha permitido llegar a esta ocasión.

El hecho que las bendiciones hebreas se dicen después del acto de la inmersión del converso es raro. Normalmente, una bendición es otorgada antes de cualquier acto de obediencia. Sin embargo, el converso en teoría no puede recitar la bendición hasta después de la inmersión porque todavía no es judío.

La Biblia dice poco acerca de la construcción actual de una *mikvé*. Sin embargo, lo que no define la Biblia, los rabinos han elucidado en gran detalle. Entre los muchos preceptos enfatizados por la tradición rabínica es que la *mikvé* debe contener agua de lluvia o agua de un manantial o un arroyo natural. Debe haber suficiente de esta agua pura para la inmersión total de una persona (acerca de 120 galones, por lo menos). Agua adicional de tubería se puede usar si se ha satisfecho el requerimiento mínimo. Debido a estos detalles técnicos, hay varias interpretaciones de cómo construir una *mikvé*. Los judíos tradicionales toman cuidado que el sistema de tubería y el arca actual cumplan con los requerimientos de *halajá* ("la Ley tradicional") (Klein, *Una guía para la práctica religiosa judía* [Inglés], p. 518ff).

Debido a los parecidos entre una piscina y una *mikvé* tradicional, se ha presentado la pregunta moderna si una piscina recreativa es igual de aceptable. Las autoridades rabínicas están divididas en este asunto, con algunos diciendo que una piscina es aceptable si no hay otra *mikvé* ritual disponible. Otras preguntas iguales se presentan cuando se considera un río, un lago o un mar para la inmersión. Mientras estos contienen el agua fresca requerida, normalmente no se usan porque la opinión del rabino es que una *mikvé* debe ser una estructura construida permanentemente, y por razones de modestia. Sin embargo, los ríos, los lagos y los mares son aceptables cuando una estructura de *mikvé* permanente no es disponible a la comunidad. A pesar de todos los detalles tediosos, no se debe perder vista del significado de la *mikvé*. La Biblia distingue entre lo santo y lo profano, entre lo puro y lo impuro. Las aguas de la mikvé, de acuerdo a los rabinos, le enseña al pueblo judío bastante acerca de estas verdades. El periodo de *nidá* es para enseñarles a los esposos y a las esposas de la disciplina, el respeto y la moderación en todas cosas. Las aguas simbolizan la limpieza espiritual, como es visto en la *mikvé* para los conversos gentiles al judaísmo rabínico. Para los judíos tradicionales, el ritual de la inmersión también es un recuerdo grafico de su necesidad para la vida nueva y purificadora de Dios. Como nota un autor:

> Una interpretación de la mikvé la relaciona con una experiencia de muerte y resurrección, y también al regreso al vientre y la reemergencia. Por medio de la inmersión completa, eres como un feto en el vientre, y cuando emerges de la mikvé eres renacido. El individuo que ha pecado y se ha vuelto impuro es transformado; él muere y es resucitado y se convierte en una nueva creación, como un recién nacido (Buxbaum, Prácticas espirituales judías [Inglés], p. 569).

Estos pensamientos le pueden sonar familiares a los que recuerdan el dialogo de Yeshúa con un cierto rabino (ver Juan 3), y también con la descripción de Saulo sobre la *mikvé* mesiánica (Romanos 6). Con esta comprensión de la *mikvé*, se debería hacer más significativa. La *mikvé* puede ser apreciada como una bella costumbre establecida por Dios para recordarles a todos de la necesidad para nueva vida espiritual y una caminata pura en este mundo.

Pertinencia al Nuevo Testamento

Como fue mencionado anteriormente, el bautismo le suena foráneo al oído judío; pero el concepto proviene de la práctica judía antigua de *mikvé*. El bautismo de agua no es entonces algo "gentil," o incluso pagano. Por consiguiente, tanto el gentil cristiano como el judío debe mirar hacia la realidad histórica de *mikvé*. Cuando se lee la enseñanza sobre la inmersión en agua del Nuevo Testamento, la conexión del cristianismo a sus raíces judías se hace más obvia.

El ejemplo más prominente de *t'vilá* en el Nuevo Testamento se encuentra en los primeros capítulos de los Evangelios. Había un profeta en esa generación que practicaba *t'vilá* como una parte integral de su ministerio, y por lo tanto se conocía como *Yojanan* el Inmergidor ("Juan el Bautista").

> En aquellos días se presentó [Yojanan el Inmergidor] predicando en el desierto de [Y'huda]. Decía: «Arrepiéntanse, porque el reino de los cielos está cerca.» [Yojanan] era aquel de quien había escrito el profeta [Yesha'yahu]:
>
> > «Voz de uno que grita en el desierto:
> > "Preparen el camino para [Adonay], háganle sendas derechas."»
>
> La ropa de [Yojanan] estaba hecha de pelo de camello. Llevaba un cinturón de cuero y se alimentaba de langostas y miel silvestre. Acudía a él la gente de [Yerushalayim], de toda [Y'huda] y de toda la región del [Yardén]. Cuando confesaban sus pecados, él los bautizaba en el río [Yardén] (Mateo 3:1-6).

Este relato coincide con muchos de los detalles ya conocidos sobre *mikvé* y su significado en la cultura judía. *Yojanan* fue mandado a preparar el camino para Mesías. Así, él predicó el mensaje: deténganse y arrepiéntanse. Por el estudio cronológico de los Evangelios, muchos creen que este evento se llevó a cabo durante el otoño. Este mensaje (*¡Tshuvá!* "¡Arrepiéntanse!") es uno familiar para el pueblo judío durante aquel tiempo del año (durante los Días Terribles). El Año Nuevo judío (*Rosh Hashaná*) es el tiempo más enfocado del año, donde Israel examina su condición espiritual y se torna de nuevo a Dios (Kasdan, *Los tiempos establecidos por Dios*, p. 66).

Con la suposición que *Yojanan* estaba predicando durante el tiempo de *Rosh Hashaná*, es consistente pensar que los hombres judíos naturalmente considerarían tomar una *mikvé*. Hasta hoy en día, los hombres todavía se inmergen en la *mikvé*. Esto es una señal de su purificación interna en preparación espiritual para los Días Santos. Esto era aún más verdadero para aquellos judíos tradicionales que estaban recibiendo la exhortación de *Yojanan* de estar listos para el Mesías porvenir. Se identificaron con su mensaje y tomaron la señal de la purificación por la *mikvé* en el Río Jordán.

La costumbre de *mikvé* comienza a ser muy importante al estudiar las páginas del Nuevo Testamento. Saulo de Tarso ciertamente no era ningún desconocido a la *mikvé* o a sus lecciones espirituales. Él extrajo mucho a estas lecciones cuando les enseñó a los creyentes mesiánicos en Roma de sus caminatas de fe con Yeshúa. En detallando la realidad de su salvación, él escribió:

> ¿Acaso no saben ustedes que todos fuimos [inmergidos] para unirnos con [Mesías Yeshúa], en realidad fuimos [inmergidos] para participar en su muerte? Por tanto, mediante [la inmersión] fuimos sepultados con él en su muerte, a fin de que, así como [Mesías] resucitó por el poder del Padre, también nosotros llevemos una vida nueva (Romanos 6:3-4).

Las lecciones espirituales de la *mikvé* judía captan perfectamente lo que a hecho Dios para el creyente en el Mesías. Los creyentes han sido sepultados, por así decirlo, con Yeshúa y levantados por su poder resucitador. Algunos de los detalles más finos de la *mikvé* también se deberían notar para ayudar en la comprensión de estas verdades.

Durante mucha de la historia de la iglesia hubo debate sobre cual tipo de bautismo es mejor. ¿Debería ser por sumergir, salpicar o derramar? Parece que todos estos debates son académicos cuando se mira atrás hacia las raíces judías del bautismo, como se encuentra en la *mikvé*. No hay ninguna duda en cual modo es usado para la *mikvé*. Es la inmersión total y completa, para que todo el cuerpo entero haga contacto con el agua.

Esto parece caber bien con la enseñanza de Saulo sobre el significado de la inmersión por agua en el Nuevo Testamento. Mientras hay libertad en el *Rúaj HaKódesh* para ajustar algunas de las tradiciones y las costumbres de la Biblia (especialmente si una persona es físicamente incapaz de entrar en el agua), es bastante aparente que la inmersión completa mejor ilustra la verdad de Romanos 6. No hay mejor manera de enseñar que los creyentes han sido sepultados con el Mesías sino por realmente ser sumergidos bajo del agua. Adicionalmente, la emergencia del agua provee una representación grafica de la resurrección con Yeshúa.

No sorprendentemente, la *mikvé* continúo ser muy significante a través de los relatos de los Evangelios, aun hasta el ultimo mensaje de Yeshúa. Cuando estaba comisionando a sus discípulos a su nuevo trabajo, él dijo:

> Se me ha dado toda la autoridad en el cielo y la tierra. Por tanto, vayan y hagan [talmidim] de todas las naciones, [inmergiéndolos] en el nombre del Padre, del Hijo y del [Rúaj HaKódesh], enseñándoles a obedecer todo lo que les he mandado a ustedes. Y les aseguro que estaré con ustedes siempre, hasta el fin del mundo (Mateo 28:18-20).

Poco después de la resurrección de Yeshúa, se menciona lo que se puede llamar "la *mikvé* mesiánica." En el día de *Shavuot* (Pentecostés), como está registrado en Hechos 2, miles de personas se habían reunido para celebrar la fiesta. Después de derramamiento del *Rúaj HaKódesh* sobre el remanente mesiánico, *Shim'on* dio su mensaje poderoso sobre la mesiánidad de Yeshúa. Los resultados maravillosos fueron la salvación de tres mil judíos en una sola vez. Estos nuevos discípulos ahora enfrentaban un problema logístico. En obediencia al mando de Yeshúa, estos nuevos creyentes fueron exhortados a recibir la *mikvé* como una señal de su compromiso de fe. Normalmente se presume que estos acontecimientos se llevaron a cabo en "la sala amplia" de ultimo *seder* de Pascua de Yeshúa. Sin embargo, es imposible que miles de personas puedan reunirse en tal cuarto, y que tres mil nuevos creyentes sean inmergidos en agua allí.

Una mirada más cerca de Hechos 2 enseña que estos eventos no ocurrieron en la "sala amplia," pero en "un lugar" más tarde detallado como "toda la casa" (versículos 1-2). En hebreo, hay otro lugar llamado un "casa" (báyit), por nombre el Templo Santo (Beit Ha'Mikdash). La realidad es que estos eventos se llevaron a cabo en el área pública del recinto del Templo, donde tales multitudes fácilmente se podían reunir. Esto igualmente explicaría la facilidad en la cual las tres mil personas recibieron la *mikvé* en el nombre de Yeshúa. Excavaciones arqueológicas modernas de han confirmado que en realidad habían docenas de *mikve'ot* en el patio del Templo durante el tiempo de Yeshúa. Es apropiado que lo que se usaba con frecuencia para varias inmersiones por adoradores judíos se usó en *Shavuot* para ilustrar la purificación espiritual de aquellos que creyeron que el Mesías había venido.

El Nuevo Testamento confirma casi todas las costumbres de las Escrituras Hebreas, incluso la importancia espiritual de las aguas de la *mikvé*. Éstas no otorgan la salvación pero, como en el ejemplo de la persona curada en Levítico, es un símbolo maravilloso de una curación que ya ha tomado lugar. *Shim'on*, en su carta a algunos creyentes judíos, resumió el significado de esta comprensión mesiánica de la *mikvé*:

> ...la cual simboliza la [inmersión] que ahora los salva también a ustedes. [La inmersión] no consiste en la limpieza del cuerpo, sino en el compromiso de tener una buena conciencia ante Dios. Esta salvación es posible por la resurrección de [Yeshúa el Mesías] (1 Pedro 3:21).

Una guía práctica para un servicio de Mikvé mesiánico

Debido a su simbolismo rico y porque fue una orden de Mesías (ver Mateo 28:19), los creyentes en Yeshúa siguen esta costumbre de inmersión en la *mikvé*. La salvación es asegurada por la confianza en la muerte y la resurrección del Mesías (ver Efesios 2:8-9). Sin embargo, la *mikvé* mesiánica, una señal de lo que Dios ha hecho por los creyentes, es un testimonio importante de la fe personal. No se debe pasar por alto el hecho que la *mikvé* mesiánica servirá como un testimonio público al mundo que hay un remanente creciente de judíos y gentiles que llaman el nombre de Mesías.

La mayoría de las *mikve'ot* mesiánicas se llevan a cabo en piscinas, ríos o mares. Vestido modesto es apropiado para tal ocasión, posiblemente un vestido de baño con una cobertura. Hay varias costumbres con respecto a *mikvé*, de modo que estas también variarán entre los grupos mesiánicos. Algunas de estas tradiciones simplemente piden que los participantes se inmerjan a la vista de testigos. Estos testigos asistirán a la persona en el proceso de la inmersión actual. Cualquiera sean los detalles del procedimiento, lo importante es seguir la orden de Yeshúa a ilustrar su realidad espiritual en la vida personal.

Esta ceremonia es sencilla pero poderosa. Una parte maravillosa de este evento puede ser pidiéndole a la persona que comparta un testimonio personal de cómo encontraron a Mesías. Un servicio de inmersión mesiánica puede tomar lugar en cualquier tiempo. En la Congregación Mesiánica *Kehilat Ariel* (la congregación de este autor), observa la *mikvé* en dos tiempos claves del año. En la tarde de *Rosh Hashaná*, hay una ceremonia de arrepientimiento llamada *tishlij* que toma lugar en una masa de agua. Este es el contexto perfecto para un servicio de *mikvé* mesiánico. El segundo servicio de *mikvé* toma lugar justo después de la Pascua, mientras creyentes reflejan en su redención. Música y lecturas apropiadas de la Escrituras pueden realzar este tiempo gozoso. Mientras las personas son inmergidas, las bendiciones tradicionales se pueden recitar con algunas adaptaciones mesiánicas:

> *Baruj atá Adonay, elobeinu mélej ha'olám, asher kidshanu b'mitzvotav v'tzivanu al ha't'vilá (se puede agregar: b'shem Ha'Av, Yeshúa HaMashíaj, v'Rúaj HaKódesh). Amén.*

> Bendito eres Tú, oh Señor, nuestro Dios, Rey del universo, que nos ha santificado con Sus preceptos y nos ha ordenado en lo concerniente a la inmersión (en el nombre

del Padre, de Yeshúa el Mesías y del Espíritu Santo). Amén.

Baruj atá Adonay, eloheinu mélej ha'olám, shehejeyanu v'kimanu v'higuianu lazman ha'zé.

Bendito eres Tú, oh Señor, nuestro Dios, Rey del universo, que nos ha mantenido con vida, nos sostuvo y nos ha permitido llegar a esta ocasión.

Toda persona debe preguntarse si ha encontrado la nueva vida ilustrada en las aguas de la mikvé. Todo creyente necesita tomar la señal (la inmersión en la mikvé) de su salvación en Yeshúa el Mesías. Que esta costumbre establecida por Dios sea una fuente de gran gozo para aquellos que han sido tocados por el poder del Dios viviente.

9

Tzitziyot

Las franjas

Antecedentes históricos

> El Señor le ordenó a Moisés que les dijera a los hijos de Israel: «Ustedes y todos sus descendientes deberán confeccionarse flecos, y coserlos sobre sus vestidos con hilo de color púrpura. Estos flecos les ayudarán a recordar que deben cumplir con todos los mandamientos del Señor, y que no deben prostituirse ni dejarse llevar por los impulsos de su corazón ni por los deseos de sus ojos. Tendrán presentes todos mis mandamientos, y los pondrán por obra. Así serán mi pueblo consagrado. Yo soy el Señor tu Dios, que los sacó de Egipto para ser su Dios. ¡Yo soy el Señor» (Números 15:37-41)!

Unas de las costumbres judías más identificables es la de las franjas usadas con ciertas prendas de vestir. Hasta hoy en día, los judíos ortodoxos muestran las franjas como una señal de su devoción a Dios y como una manera de identificarse con su pueblo. ¿De donde se originó esta costumbre rara, y cual fue el significado para las generaciones antepasadas?

La orden de usar franjas es directamente de Dios. Él quería que Israel estuviera constantemente recordado que era un pueblo distinto, apartados para su servicio al único Dios verdadero. Por lo tanto, los días santos, el estilo de alabanza y la dieta reflejaban la verdad espiritual. Hasta la ropa del judío le recordaba de su llamado especial. El *tzitzit* ("la franja," "prenda franjada" o "fleco") era un marcador claro en el mundo que Israel tenia una misión ordenada por Dios. La orden bíblica es clara, se le dijo a Israel que usara los *tzitziyot* (la forma plural de *tzitzit*) en las esquinas de sus prendas de vestir externas. La tradición judía agrega muchos detalles adicionales sobre la esencia y el uso de los *tzitziyot*.

La construcción de las franjas tiene una tradición y significado especial. Cada esquina de la prenda exterior tenía que tener un hilo largo que había sido teñido una sombra especial de azul, un recordatorio del cielo y del enfoque celestial de Israel. Este hilo largo estaba conectado a otros tres hilos más cortos, haciendo el total de cuatro hilos en cada esquina de la prenda. Estas franjas estaban atadas de tal manera que eran duplicadas, para que sumaban en ocho hilos. Estas hebras se ataban en un serie de cinco nudos dobles para representar simbólicamente el numero trece. Interesantemente, en agregando este numero al valor numérico (en hebreo) de la palabra *tzitzit* (600), se llega al numero 613. Este es el número de mandamientos contenidos por la Torá. Por lo tanto, el propósito de los *tzitziyot* es claramente cumplido cada vez que recuerdan al judío tradicional a seguir *todos* los mandamientos de Dios.

Como se notó en un capítulo anterior, los *tzitziyot*, los cuales representan la obligación del judío a seguir los mandamientos, son invalidados con la muerte. Para simbolizar esto, se cortan las franjas del *talit* ("manto de oraciones"). Esto provee una percepción interesante a la situación histórica durante el tiempo del Rey David. En un momento dado, David pudo acercarse a su perseguidor dormido, el Rey Saúl, a hurtadillas y cortarle el borde de su manto. Esto fue claramente simbólico de la muerte, pero David sintió remordimiento y detuvo a sus hombres para salvar la vida de Saúl (ver 1 Samuel 24).

Los *tzitziyot* no solamente eran un recuerdo a seguir los caminos de Dios, pero también eran una declaración de quien es Dios. Esto se puede ver en el hecho que cada franja tiene 39 ondulaciones, correspondiendo al valor numérico de la frase hebrea *Adonay Ejad* ("El Señor es Uno"). El Israel antiguo vivió en un mundo rodeado por el paganismo y los dioses falsos. Esta costumbre debió haber sido un recordatorio gráfico que el pueblo judío no debía seguir el camino ancho hacia la destrucción pero el camino angosto de la vida en el Dios verdadero. Todo aspecto de la vida para el judío, aun como se vestía, de alguna manera lo recordaría de estas realidades.

Observancia judía tradicional

La costumbre de *tzitziyot* todavía es seguida por los judíos tradicionales, con algunas modificaciones pequeñas a la orden bíblica. La adaptación más obvia para la mayoría de judíos es que los *tzitziyot* no se usan como parte de las prendas regulares. En vez de los flecos en las esquinas de la túnica o prenda exterior, la tradición judía desarrolló la costumbre del *talit*. Esta prenda especial normalmente se usa en la sinagoga o durante ocasiones de culto especial. El *talit* contiene la misma serie de franjas y nudos en sus cuatro esquinas y con frecuencia es bordado con artesanía judaica. Esta costumbre judía fue sometida a algunos cambios, más notablemente durante la Edad Media, cuando los judíos estaban dispersos por el mundo gentil. El uso de las franjas en sus prendas personales hubiese significado la subyugación propia a la persecución y el peligro. Por lo tanto la costumbre fue modificada para que las franjas solo se usaran principalmente en la sinagoga. Los judíos ortodoxos de hoy sienten que todavía cumplen con el espíritu del mandamiento cuando usan una prenda interior que sostiene las franjas—*talit katán* ("manto de oraciones pequeño"). Esta prenda se usa en toda hora del día.

Para la mayoría de judíos, esta *mitzvá* se cumple en el manto de oraciones, usado solo durante servicios religiosos. Puesto que los rabinos notan que este mandamiento declara que "lo veréis" (VRV), es interpretado que esta costumbre solo es requerida en las horas de la luz del día. Por lo tanto, el *talit* (o *talis* en el hebreo ashkenazí) en realidad no es usado por la noche,

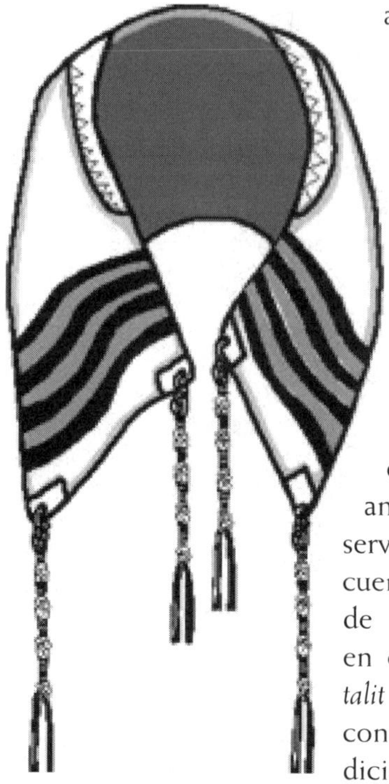

aun en la sinagoga, excepto posiblemente por un rabino o cantor dirigiendo los servicios. Igualmente, las mujeres no están obligadas a usar las franjas en cualquier momento porque los rabinos dicen que ellas son exentas de cualquier mandamiento relacionado al tiempo.

Debido a la importancia de esta costumbre, es bastante común ver a un hombre judío usando el *talit* durante el día en los servicios de la sinagoga. Con frecuencia se hacen disponibles mantos de oraciones extras para las visitas en el vestíbulo. Antes de colocar el *talit* sobre los hombros, se aguanta con las dos manos y se recita la bendición hebrea:

Baruj atá Adonay, eloheinu mélej ha'olám, asher kidshanu b'mitzvotav v'tzivanu l'hit'hateif ba'tzitzit.

Bendito eres Tú, oh Señor, nuestro Dios, Rey del universo, que nos ha santificado con Sus preceptos y nos ha ordenado envolvernos con las franjas.

Si la persona está bendiciendo el *talit katán* antes de ponérselo, se dice lo siguiente:

Baruj atá Adonay, eloheinu mélej ha'olám, asher kidshanu b'mitzvotav v'tzivanu al mitzvat tzitzit.

Bendito eres Tú, oh Señor, nuestro Dios, Rey del universo, que nos ha santificado con Sus preceptos y nos ha ordenado respecto del precepto de las franjas.

El *talit* moderno puede tener varios diseños o trabajos artísticos. Sin embargo, un elemento tradicional falta; que es, el hilo de púrpura o azul recetado por la Torá. ¿Por qué no se usa el hilo azul? Como en muchas de las tradiciones de la Biblia, esta costumbre cambio después de la destrucción del Templo en Jerusalén. Sin un sacerdocio o un servicio en función, el tinte azul y el hilo cayeron en el desuso y finalmente fueron olvidados. Parte del problema era el costo y la rareza del tinte azul. Conocido como *t'jélet* en hebreo, la sombra exacta de azul extraída de un caracol mediterráneo era incierta.

Esto se volvió en un punto discutible durante la Edad Media, mientras desaparecía el caracol de las orillas de los mares de Israel. Curiosamente, en años recientes el caracol marino ha estado reapareciendo. Esto ha emocionado tanto a algunos grupos ortodoxos, específicamente un grupo llamado el Instituto del Templo, que han desarrollado un proceso renovado para extraer este tinte. Ellos planean que el *t'jélet* sea parte de las vestiduras del sacerdocio para uso en el Templo reconstruido.

A través de la historia larga de Israel, las palabras de la Torá han sido probadas como verdaderas. Hasta hoy en día, los *tzitziyot* recuerdan a Israel que Dios ha consagrado el pueblo judío a si mismo. Parece que en los últimos días hasta las naciones tendrán un aprecio más grande para el pacto de Dios con el pueblo judío. En buscar la fe del Dios de Israel, muchos no-judíos se desplegarán de una manera algo extraña:

> »Así dice el Señor Todopoderoso: "En aquellos días habrá mucha gente, de todo idioma y de toda nación, que tomará a un judío por el borde de su capa y le dirá: ¡Déjanos acompañarte! ¡Hemos sabido que Dios está con ustedes"» (Zacarías 8:3)!

La pertinencia al Nuevo Testamento

Considerando la importancia de la costumbre de *tzitziyot*, se esperaría encontrar algunas referencias significantes en el Nuevo Testamento. Las franjas siempre han sido la marca más identificable de la comunidad judía. Puesto que Yeshúa y todos sus discípulos eran judíos tradicionales, se puede presumir que ellos siguieron esta orden de la Torá.

El Evangelio de Mateo provee un relato de la observancia de este mandamiento por Yeshúa. Se había difundido palabra por todo Israel que el gran rabino y sanador había venido. Multitudes buscaban su toque, pensando que este podría ser el Mesías largamente esperado. El relato de Mateo detalla lo que ocurrió en aquel lugar.

> En esto, una mujer que hacia doce años padecía de hemorragias se le acercó por detrás y le tocó el [tzitzit] del manto. Pensaba: «Si al menos logro tocar su manto, quedaré sana.» [Yeshúa] se dio vuelta, la vio y le dijo: ¡Ánimo, hija! Tu fe te ha sanado. Y la mujer quedo sana en aquel momento (Mateo 9:20-22).

En leyendo este versículo, se podría precipitadamente juzgar a esta mujer por actuar en superstición. ¿Por qué estaba tan preocupada con cosas externas insignificantes? ¿Pensaba ella que había algún tipo de poder asociado con las franjas mismas? Cuando se refleja en el significado de los *tzitziyot* en el judaísmo, se puede ver un lado diferente a sus acciones.

Los flecos en las esquinas de las prendas les recordaban a los judíos de su llamado a la Palabra de Dios. El pueblo judío en realidad era el representante del único Dios verdadero. El hecho que esta mujer sufrida haya extendido su mano a los *tzitziyot* del Mesías actualmente fue una declaración de fe, no de superstición. El extender su mano por esta mujer al poder sanador de Dios era un indicador de su condición espiritual. No es sorprendente que Yeshúa haya validado su acción. No se debe perder el hecho obvio que Yeshúa mismo usaba los *tzitziyot* tal como es ordenado por la Torá. Si alguien ha ejemplificado el perfecto judío dirigido por el espíritu, que caminó en la obediencia a la Torá, fue Yeshúa de *Natzeret*. Como en cualquier costumbre o tradición, siempre hay peligro que se distorsione más allá de su significado original. Este mismo Yeshúa que usó los *tzitziyot*, les habló palabras de advertencia a sus discípulos con respecto a estas tradiciones. En exponer la hipocresía de algunos de los Fariseos, Yeshúa dijo que ellos les gustaban ser vistos por todos, entonces "usan [*t'filín*] grandes y adornan sus ropas con [*tzitziyot* vistosos]" (Mateo 23:5). Claramente Yeshúa no estaba condenando universalmente el uso de las franjas, o sino él también se condenaría. Lo que él condenaba no era el uso de *tzitziyot*, pero el abuso de este mando importante de Dios. Muy con frecuencia, la gente pierde la perspectiva sobre las lecciones espirituales de una costumbre y substituyen sus propias ideas confundidas. Yeshúa estaba correctamente señalando a la inconsistencia de tener *tzitziyot* casher sin tener un corazón casher. Es una ironía grandísima que la costumbre bíblica que fue diseñada a recodarle al judío de mantener sus ojos en Dios actualmente se usara para exaltar al "yo." Como con frecuencia era el caso, Yeshúa le enseñó a su pueblo sobre la comprensión espiritual original de la Ley y las costumbres (ver Mateo 5:17).

Una guía práctica para la práctica mesiánica de Tzitziyot

Como una costumbre basada directamente sobre la Palabra de Dios, los seguidores de Yeshúa de hoy pueden gozosamente usar los *tzitziyot*. Como en la comunidad judía, hay una variedad de prácticas de esta costumbre entre los judíos mesiánicos y los gentiles. Hay algunos que se sienten llamados a mantener la expresión diaria de las franjas que requiere el uso del *talit katán* ("manto de oraciones pequeño"). Con la actitud y el enfoque apropiados, esto puede ser una expresión de fe muy significativa. Más frecuentemente, los judíos mesiánicos siguen la perspectiva común de usar el *talit* regular durante servicios religiosos u ocasiones especiales. Muchas congregaciones mesiánicas proveen *talitot* adicionales para las visitas en sus servicios de *shabat*. Puesto que la edad de trece años se considera la edad de la responsabilidad, en la cual los jovencitos son requeridos a observar los mandamientos por si mismos, es un lindo gesto regalar un *talit* en un *Bar Mitzvá*. Normalmente, esto es hecho por la congregación o la escuela de *shabat*.

¿Y que de las mujeres y la práctica de *tzitziyot*? La tradición antigua es que las mujeres son exentas de este mandamiento comprometido por el tiempo. Las sinagogas conservadoras modernas e incluso las reformistas crecientemente permiten el uso del *talit* por las mujeres en los servicios. Mientras no hay nada que prohíbe a las mujeres de usar el *talit* en los servicios de culto, el autor de este libro tiende a estar de acuerdo con la práctica antigua en la cual los hombres son los únicos responsables por esta costumbre.

Esta misma pregunta se puede hacer con respecto a los creyentes gentiles en Yeshúa. ¿Son solo los judíos que benefician en usar el *talit*? Saulo de Tarso declara que el no-judío quien cree en el Mesías es injertado en el mismo olivo que el judío creyente (ver Romanos 11). Los no-judíos también gozan de las bendiciones espirituales compradas por el Mesías. Si un creyente gentil escoge usar en *talit*, esto puede ser una bella declaración de su fe en el Dios de Israel. En un servicio de culto judío mesiánico, tal práctica puede ser un testimonio positivo de la relación del creyente gentil con el pueblo judío (ver Corintios 9:19-20). Otra vez, está la cuestión de la convicción personal que debe ser sincera. Sin embargo, se debe tomar cuidado en no confundir el asunto con pensar que un *talit* transformará a un gentil en un judío.

Con respecto a los detalles del *talit*, hay libertad en las áreas del diseño artístico y el uso. El simbolismo importante son los *tzitziyot* en las esquinas de la vestidura. Cualquier otra cosa es secundaria y abierta al gusto personal. Igualmente, la bendición tradicional otorgada antes de ponerse el *talit* (ver más arriba) es bastante apropiada para cualquier creyente mesiánico. Que las costumbres de *tzitziyot* y *talit* sean recuerdos abundantes para que todos los creyentes en el Mesías se mantengan enfocados en su palabra y honren a Dios con toda parte de su vida.

10

La Kipá

La cobertura para la cabeza

Antecedentes históricos

> Haz que comparezcan ante ti y tu hermano Aarón y sus hijos Nadab, Abiú, Eleazar e Itamar. De entre los israelitas, ellos me servirán como sacerdotes. Hazle a tu hermano Aarón vestiduras sagradas que le confieran honra y dignidad. Habla con todos los expertos a quienes he dado habilidades especiales, para que hagan las vestiduras de Aarón, y así lo consagre como mi sacerdote. Las vestiduras que le harás son las siguientes: un pectoral, un efod, un manto, una túnica bordada, un turbante y una faja. Estas vestiduras sagradas se harán para tu hermano Aarón y para sus hijos, a fin de que me sirvan como sacerdotes (Éxodo 28:1-4).

Desde los días de Moisés, una de las marcas distinguidoras del pueblo judío ha sido la cobertura para la cabeza. Las mujeres judías tradicionales con frecuencia tienen cubiertas sus cabezas con pañuelos o incluso pelucas. Los hombres ortodox-os siempre son vistos usando algún tipo de cobertura para la cabeza, sea un solideo o un sombrero tradicional. La mayoría de los hombres judíos, sin importar a cual rama estén afiliados, usarán la cobertura para la cabeza cuando asisten a un lugar de culto judío.

¿De donde vino esta costumbre? El concepto para una cobertura en realidad se formalizó con las vestiduras sacerdotales de Israel. Dios tuvo cuidado en hacerle claro a Moisés que el pueblo necesitaba mediadores para tener comunión con el. El Dios de Israel es santo y puro más allá de la descripción, mas el hombre se ha apartado de Dios por su pecado (ver Habacuc 1:13). Hoy, algunos dudan la necesidad para mediadores en su relación con Dios. Otros piensan que el concepto de un sacerdocio es inútil. Sin embargo, en realidad es un don de la gracia de Dios que él estableció como una manera para que Israel comulgara con él, aun en su estado injusto.

Los *Cohanim* (los hijos de Aarón) y los *Levi'im* (la tribu de Leví) fueron nombrados como los sacerdotes. Deberían representar a Dios al pueblo, pero también el pueblo a Dios. Tal servicio santo no se debería tomar levemente, y requería vestiduras especiales. Entre esta ropa santa estaba el turbante. La palabra hebrea *mitznéfet* proviene de la raíz "envolver," implicando que ésta era una mitra o una cobertura estilo turbante.

¿Qué simbolizaba este turbante? El mismo capítulo de Éxodo declara que la cobertura del sacerdote sería adornada con las palabras "CONSAGRADO AL SEÑOR" (Éxodo 28:36-38). Claramente, este *mitznéfet* sería un recordatorio que Dios es caracterizado por la atributo de la perfección moral.

Aunque esta costumbre originalmente se aplicaba al sacerdocio, luego en la historia, la comunidad judía empezó a usar coberturas. La presunción era que si se les requería a los sacerdotes tener sus cabezas cubiertas, entonces sería apropiado que todo hombre usare esta señal de la sumisión.

Era costumbre cubrirse la cabeza como señal de luto, como es detallado en 2 Samuel 15:30. Más tarde, la tradición judía consideraba un hombre sin la cabeza cubierta como indecente y hasta pagano. Tan importante era la cobertura que los rabinos talmúdicos hablaron de no caminar ni seis pasos sin la cobertura apropiada (*Talmud Babilonio*, Kidushín 31a). Otra discusión talmúdica notó que un hombre debería tener su cabeza cubierta para enseñar "humildad en oración" (*Talmud babilonio*, Rosh Hashaná 17b). Posiblemente la declaración resumida mejor sobre las razones para la cobertura de la cabeza es para que "el temor de Dios esté sobre ti" (*Talmud babilonio*, Shabat 156b). Esto trae a mente el comercial viejo de los perros calientes *Hebrew National*, el cual declara que ellos responden a "una autoridad superior." La cobertura es un recordatorio para Israel que hay *alguien* quien los guarda.

Podría sorprender a algunos que no siempre hubo una práctica uniforme de usar coberturas. Tan común que se haya hecho la costumbre en la historia reciente, hubo muchos tiempos cuando el uso de tal prenda no se seguía. Algunos rabinos no estaban de acuerdo con la práctica, así que la cobertura no fue usada por todos los hombres (*Talmud babilonio*, Kidushín 29b). Adicionalmente, los rabinos declararon que el uso de la cobertura era "opcional y un asunto de costumbre" (*Talmud babilonio*, Nedarím 30b). Esta diversidad de opinión es vista en imágenes e inscripciones en las cuales algunos judíos están usando coberturas y otros no. Por lo tanto, el uso de una cobertura para la cabeza de ninguna manera fue aceptada universalmente hasta tarde en la historia judía, cerca de 1700 de la era común.

A través de los últimos 300 años, los judíos tradicionales han sido conocidos por el uso de sombreros u otro tipo de cobertura. En algunas comunidades europeas, el sombrero fue transformado en el *yarmulke* (yídish)/*kipá* (hebreo). Ha sido notado que la palabra *yarmulke* hasta podrá proveer la razón para tener la cabeza cubierta, porque puede ser un acrónimo para la expresión hebrea *yiré m'Elohim* (el "temor de Dios"). Cualquier forma que tome la cobertura, la lección es clara: los judíos deben caminar siempre en la sumisión y en la humildad ante Dios que siempre los guarda.

Observancia judía tradicional

Como se puede ver de este repaso histórico breve, la práctica de cubrirse la cabeza ha tomado muchas expresiones diferentes. Recientemente, los judíos ortodoxos han insistido en siempre tener la cabeza cubierta. Un sombrero es algo común, y con frecuencia es una marca distinguidora de la secta particular del judaísmo ortodoxo. Aun con el sombrero, la mayoría usará una *kipá*. Las mujeres judías ortodoxas también continúan la costumbre de cubrir sus cabezas. En las Escrituras, se considera que el cabello de una mujer tiene una belleza especial, así ellas creen que debe ser reservado solamente para sus esposos (ver Cantares 4:1). Entonces, las mujeres casadas de este grupo generalmente usan una peluca especial, llamada un *sheitel*, o un pañuelo.

Aunque los judíos ortodoxos mantienen este punto de vista, hay otros puntos de vista propugnados por otras ramas dentro del judaísmo. Los judíos conservadores están de acuerdo con los ortodoxos que los hombres deberían usar una *kipá* en la sinagoga o mientras observan una costumbre judía. Sin embargo, no se sienten obligados a usar la cobertura en todo momento. Los judíos reformistas toman un punto de vista liberal que la *kipá* nunca se necesita, aun así ellos la usarán en ciertas ocasiones. Algunas veces la cosa se puede poner muy confusa, como se es visto en una caricatura que apareció en un periódico israelí que relataba la visita del Papa con el Presidente de Israel. El pie de la caricatura decía: "¡El Papa es el que tiene la Yarmulke" (Rosten, *Los gozos del Yídish* [Inglés], p. 428)! El debate sobre el uso adecuado de esta costumbre posiblemente continuará en el futuro como lo ha hecho por mucha de la historia judía.

La pertinencia al Nuevo Testamento

Se esperaría que este debate sobre las coberturas de la cabeza se presentara en otro libro judío más, el Nuevo Testamento. En su exhortación a los creyentes mesiánicos en Corinto, Saulo de Tarso presentó algunas indicaciones importantes para los servicios de culto público. Aunque discutió tales asuntos como los dones espirituales y el amor, Saulo primero se dirigió al tema del vestir inapropiado o confuso:

> Los elogio porque se acuerdan de mí en todo y retienen las [tradiciones], tal como se las transmití. Ahora bien, quiero que entiendas que [Mesías] es cabeza de todo hombre, mientras que el hombre es cabeza de la mujer y Dios es cabeza de [Mesías]. Todo hombre que ora o profetiza con la cabeza cubierta deshonra al que es su cabeza. En cambio, toda mujer que ora o profetiza con la cabeza descubierta deshonra al que es su cabeza; es como si estuviera rasurada. Si la mujer no se cubre la cabeza, que se corte también el cabello; pero si es vergonzoso para la mujer tener el pelo corto o la cabeza rasurada, que se la cubra (1 Corintios 11:2-6).

En buscando a entender este pasaje muy malentendido, primero se debe notar que Saulo evidentemente estaba dando consejo que esta relacionado con la cultura de Corinto. El hecho que él usó la palabra *tradiciones* es significante. La palabra griega *paradosis* significa aquello que es heredado de las generaciones pasadas. El término hebreo equivalente de *paradosis* es *masoret*, y habla de aquello cual es heredado, tanto lo bíblico como lo extra-bíblico. Hay buenas tradiciones (como se ve en este pasaje y en 2 Tesalonicenses 2:15) y hay tradiciones que se vuelven malas por las distorsiones humanas (como se ve en Marcos 7:3). No debería sorprender a ninguna persona que Saulo, dirigiéndose al asunto del vestir para el culto público, aludió a ciertas tradiciones. Aun en la comunidad judía, ha habido debate sobre tales costumbres. La intensidad del debate era más grande en la cuidad no-judía y pagana de Corinto.

Saulo reprendió a los creyentes de cultura griega no se cubrían la cabeza durante la oración. Algunos creyentes hoy sienten que esta es una prohibición contra el uso de la *kipá* por judíos mesiánicos modernos. Sin embargo, Saulo claramente estaba escribiéndole a aquellos quienes estaban rodeados por la cultura no-judía del Helenismo. Aun para los judíos de Corinto, este directivo probablemente no presento un conflicto. El usar y el no usar de la *kipá* había sido flexible, dependiendo de la cultura particular en la cual vivían los judíos. El apóstol parece estar refiriéndose a ciertas costumbres en Corinto, que traerían confusión al testimonio del creyente mesiánico (Edersheim, *Descripciones de la vida social judía en los días de Cristo* [Inglés], p. 154).

Esto era aún más evidente en la exhortación de Saulo a las mujeres de Corinto. Él les dijo que se aseguraran que sus cabezas estuvieran cubiertas durante los servicios públicos. Esto era una práctica común en las culturas del Medio Oriente. Sin embargo, algo raro debió haberse tomado lugar con los corintios. Evidentemente, hubo un problema asociado con las mujeres que tenían el cabello corto o incluso cabezas rasuradas. Algunos comentaristas sienten que esto era un problema particular porque tales estilos eran asociados con la prostitución en los templos de la sociedad pagana (ver A. T. Robertson, *Descripciones visuales en el Nuevo Testamento* [Inglés], Vol. IV, p. 160). Adicionalmente, los judíos a menudo consideraban a una cabeza rasurada o descubierta como una señal del juicio (ver Isaías 7:20). Parece que la preocupación de Saulo era que estas mujeres las cuales habían venido de sociedades paganas no deberían de identificarse con la inmoralidad tremenda que todavía se practicaba allí. Saulo les requirió a enseñar su arrepentimiento y su vida nueva por no imitar los estilos de pelo predominantes y, si fuera necesario, por usar un velo completo.

¿Se pueden aplicar estos detalles específicos a toda cultura y comunidad de creyentes mesiánicos? Aunque Saulo estaba hablando sobre las tradiciones, él dio algunos principios para la orientación en decisiones de estilo de vida:

> El hombre no debe cubrirse la cabeza, ya que él es imagen y gloria de Dios, mientras que la mujer es gloria del hombre. De hecho, el hombre no procede de la mujer sino la mujer del hombre. Además el hombre no fue creado a causa de la mujes, sino la mujer a causa del hombre. Por esta razón, y a causa de los ángeles, la mujer debe llevar sobre la cabeza señal de autoridad. Sin embargo, en el Señor, ni la mujer existe aparte del hombre ni el hombre aparte de la mujer.

> Porque así como la mujer procede del hombre, también el hombre nace de la mujer; pero todo proviene de Dios (1 Corintios 11:7-12).

Saulo estaba dando un principio fundamental a estas exhortaciones sobre las coberturas. Mientras puede haber costumbres y tradiciones en la sociedad, es importante siempre vivir de una manera que honra los principios bíblicos. ¿Cuál es el principio en este pasaje? Es mejor resumido en la frase de Saulo *bajo la autoridad* (versículo 10). La cobertura para la mujer, la *kipá* para el hombre, en realidad es secundario al asunto verdadero de la autoridad y la sumisión. Hay una orden por Dios para la relación entre el esposo y la esposa como también para la relación entre el hombre y Dios; de ahí el menciono de los ángeles en el versículo diez. Era natural para que Saulo se dirigiera a este problema en Corinto dentro del contexto de las coberturas para la cabeza, porque este es precisamente el asunto que la *kipá* o el pañuelo le ilustraba al judío. Es interesante que algunas prácticas modernas de la cultura judía hubieran en realidad comunicado exactamente lo opuesto de sus propósitos intencionados a los griegos en Corinto. En mucha de la historia judía, la cobertura ha actualmente enfatizado lo que Saulo estaba promoviendo, por nombre la sumisión a Dios. Igualmente, la sociedad occidental moderna no pone un estigma de rebeldía a las mujeres de cabello corto o a los hombres quienes se cubren la cabeza. A la luz de estos principios, parece que el uso moderno de la *kipá* para los hombres no solo es aceptable pero en realidad un cumplimiento de lo que estaba enseñando el apóstol. Sobre todo, el espíritu con el cual se observa cualquier costumbre es vital. No sorprendentemente, es en la misma carta a los Corintios que Saulo les exhorta a enfocar sus estilos de vida en el principio del amor (1 Corintios 13). Que todo creyente oiga a tal consejo sabio.

Una guía práctica para una Kipá o un Pañuelo

Con alguna comprensión de la historia de la *kipá* y las coberturas para la cabeza, se puede diferir el lugar de estas tradiciones en la vida personal. Para los que sienten que esta costumbre corresponde dentro del contexto de su fe mesiánica, hay libertad completa para usar una *kipá*, y muchos lo encontrarán significativo hacerlo. En términos practícales, este puede variar de usar una *kipá* en todo momento del día o sencillamente usándola en oración o durante los servicios. Mientras hay muchas áreas de debate con respecto a las tradiciones, los creyentes en Yeshúa deben recordarse que deben vivir sus vidas en sumisión al Dios de Israel por medio del Mesías. En muchas iglesias en varias culturas, cubrirse la cabeza podrá confundir la cuestión de la sumisión. Sin embargo, en la cultura judía moderna, la *kipá* es consistente con el principio de la sumisión a Dios. Considerando la filosofía de Saulo del ministerio, un creyente judío e incluso un gentil que se mezcla con la comunidad judía tiene buena razón de seguir esta costumbre. Saulo dijo que "entre los judíos me volví judío, a fin de ganarlos a ellos" (1 Corintios 9:20). El Nuevo Testamento les da a los creyentes en Yeshúa la libertad en tales asuntos no-esenciales, de seguir o no seguir, dependiendo en las convicciones personales (ver Romanos 14).

De la perspectiva bíblica, la pregunta más importante no es si uno *usa* la señal de la sumisión, pero si *vive* la señal de la sumisión. No le beneficia al creyente tener una expresión ex-

terna tradicional junta con una vida personal que está fuera de la orden de Dios. Cualquiera la práctica, que todo sea hecho en por el amor al Mesías. La kipá para los hombres, el pañuelo para las mujeres, es una bella costumbre cuando es adecuadamente comprendida. Los creyentes en Yeshúa deben preguntarse si están caminando en la verdad las cuales estas costumbres están supuestas a comunicar.

11

T'filín

Las filacterias

Antecedentes históricos

Si ustedes obedecen fielmente los mandamientos que hoy les doy, y si aman al Señor tu Dios y le sirven con todo el corazón y con toda el alma, entonces él enviará la lluvia oportuna sobre tu tierra, en otoño y en primavera, para que obtengan el trigo, el vino y el aceite. También haré que crezca hierba en los campos para su ganado, y ustedes comerán y quedarán satisfechos. ¡Cuidado! No se dejen seducir. No se descarríen ni adoren a otros dioses, ni se inclinen ante ellos, porque entonces se encenderá la ira del Señor contra ustedes, y cerrará los cielos para que no llueva; el suelo no dará sus frutos, y pronto ustedes desaparecerán de la buena tierra que les da el Señor. Grábense estas palabras en el corazón y en la mente; átenlas en sus manos como un signo, y llévenlas en su frente como una marca. Enséñenselas a sus hijos y repítanselas cuando estén en su casa y cuando anden por el camino, cuando se acuesten y cuando se levanten; escríbanlas en los postes de su casa y en los portones de sus ciudades. Así, mientras existan los cielos

> sobre la tierra, ustedes y sus descendientes prolongarán su vida sobre la tierra que el Señor juró a los antepasados de ustedes que les daría (Deuteronomio 11:13-21).

Una de las ordenes más antiguas de las Escrituras es la de que el pueblo hebreo debería atarse ciertos recordatorios a sus manos y a sus frentes. Como en la *mezuzá* en la puerta y el *tzitzit* en las prendas de ropa, debería haber recuerdos de los mandamientos de Dios aun sobre el cuerpo de cada persona. Sin embargo, la Biblia no es expresadamente clara sobre cómo se debería hacer esto. Desde los tiempos antiguos, los judíos tradicionales han cumplido este mandamiento con la costumbre llamada *t'filín*. La palabra hebrea está relacionada a la palabra para la oración (*t'filá*) y provee el enfoque de esta tradición. Los *t'filín* fueron diseñados a proveer asistencias prácticas para la vida de oración del judío.

A través de las próximas generaciones, los *t'filín* tomarían la forma de cajas de cuero que se ataban a la frente y a la mano. Este tipo de *t'filín* existió antes del primer siglo, puesto que hay referencias a *t'filín* en la literatura judía. Josefo, el historiador judío, mencionó el uso de *t'filín* (Whitson, *Los trabajos completos de Josefo* [Inglés], Antigüedades 4:213). Uno de los sabios talmúdicos habló de haber recibido los *t'filín* heredados de su abuelo (*Talmud Babilonio*, Sanedrín 92b). Los descubrimientos más recientes de los Manuscritos del Mar Muerto también han confirmado el hecho que la comunidad de Qumrán usó muchos de sus pergaminos para la costumbre de *t'filín*.

Aunque hubo variaciones de la costumbre a través de las edades, la práctica de *t'filín* ha permanecido extraordinariamente igual por más de dos mil años. Algunos judíos piadosos de los días antepasados hasta usaban los *t'filín* constantemente. Sin embargo, la práctica común de hoy es para los varones mayores de la edad de trece años los cuales se colocan las cajas de cuero en los servicios matutinos diarios (*shajarit*). De esta manera, son recordados que los mandamientos de Dios deberían estar en sus mentes (frentes) y deberían ser aplicados a sus vidas (manos).

La observancia judía tradicional

La tradición judía desarrolló dos partes distintas para un conjunto de *t'filín*; *shel rosh* ("designado para la cabeza") y *shel yad* ("designado para la mano"). *Shel rosh* consiste de cuatro compartimentos individuales, cada uno conteniendo un pergamino con pasajes de la Torá escritos a mano (Éxodo 13:1-10, 11-16, Deuteronomio 6:4-9; 11:13-21). Por contrasto, *shel yad* es un compartimiento que aguanta todos cuatro pasajes escritos en un solo pergamino. ¿Por qué fueron seleccionados estos pasajes? Todos tienen el mismo mandamiento de atar la Palabra de Dios a la frente y a la mano.

No se debería pasar por alto el simbolismo de los nudos en la construcción de los *t'filín*. *Shel rosh* tiene la letra hebrea *shin* en el exterior de la caja. Los rabinos dicen que el nudo atado en la cabecera representa la letra hebrea *dalet* y el final del cinto es la letra hebrea *yod*. Juntos, el *shel rosh t'filín* deletrea la palabra *Shaday* ("Todopoderoso"). Este mismo nombre de Dios es deletreado en por la envolturas del cinto de cuero del *shel yad t'filín*, así recordando que el objeto de las oraciones es Dios.

Por lo general, *t'filín* no es usado en el Sábado, cualquier día santo o por la noche. Esto es por el hecho que estos otros días también son llamados "señales" en las Escrituras y no deberían chocar con la señal del *t'filín*. El *t'filín* se pone después del *talit* ("manto de oraciones"), para seguir el dictado rabínico el cual dice que lo que ocurre con frecuencia toma presencia sobre lo que ocurre sin frecuencia (*Talmud Babilonio*, Z'vahím 89a). El *shel yad t'filín* se coloca envolviéndolo alrededor del brazo izquierdo, que es considerado el brazo más débil. Primero, toda prenda de joya se debería quitar del brazo, y se debería enrollar la manga de la camiseta para que los cintos hagan contacto directo con la piel. También es notado que el nudo (*késher*) del *shel yad* en el brazo izquierdo debería estar lo más cercano al corazón. Mientras se aprieta el nudo al bíceps, se recita la bendición que sigue:

> *Baruj atá Adonay, eloheinu mélej ha'olám, asher kidshanu b'mitzvotav v'tzivanu l'haniaj t'filín.*
>
> Bendito eres Tú, oh Señor, nuestro Dios, Rey del universo, que nos ha santificado con sus preceptos y nos ha ordenado ponerse t'fillin.

El cinto de cuero del brazo se enrolla siete veces en el antebrazo con lo sobrante enrollado en la mano. La bendición que sigue es otorgada antes de ponerse el *shel rosh t'filín*:

> *Baruj atá Adonay, eloheinu mélej ha'olám, asher kidshanu b'mitzvotav v'tzivanu al mitzvat t'filín.*
>
> Bendito eres Tú, oh Señor, nuestro Dios, Rey del universo, que nos ha santificado con sus preceptos y nos ha ordenado respecto del precepto de t'filín.

El *shel rosh t'filín* es colocado sobre la cabeza asegurando los cintos de cuero y los pedazos de cuero sobrantes cubren el pecho. Se pronuncia la bendición que sigue:

> *Baruj sheim k'vod maljutó l'olám va'ed.*
>
> Bendito es el Nombre de su glorioso reinado por toda la eternidad.

El paso final es de amarrar el cuero sobrante del *shel yad t'filín* alrededor de los dedos en nudos simbólicos. El cinto de cuero es enrollado tres veces alrededor del dedo medio, con un bucle alrededor de la mitad del dedo y dos bucles más cercas al nudillo. El cinto entonces es enrollado alrededor del dedo anular mientras se recita la Escritura que sigue:

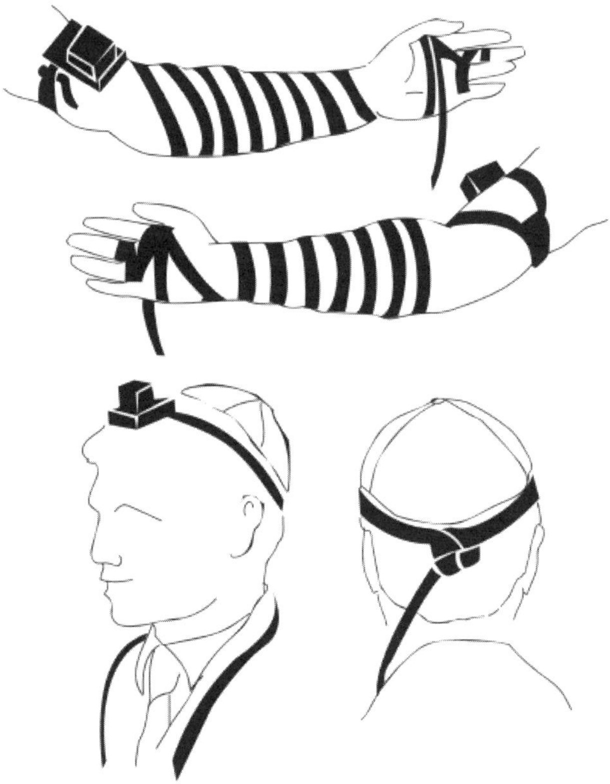

> Yo te haré mi esposa para siempre, y te daré como dote el derecho y la justicia, el amor y la compasión. Te daré como dote mi fidelidad, y entonces conocerás al Señor (Óseas 2:19-20).

Es infortunado que algunos se pierdan en todos estos nudos y así también pierdan la belleza de lo que representa *t'filín*. Tal como es visto en los versículos de Óseas, es una costumbre que significa el matrimonio pactado entre Israel y Dios. Las Escrituras deberían estar en las mentes de todos en el pueblo de Dios, y en las acciones de sus manos. Algunos han comparado *t'filín* con el vestirse de la armadura de Dios para la batalla espiritual (Donin, *El ser un judío* [Inglés], p. 151; cfr., Efesios 6:10-20).

Pertinencia al Nuevo Testamento

La costumbre de *t'filín* fue establecida mucho antes del primer siglo. Puesto que el Nuevo Testamento fue escrito por judíos sobre temas judíos, se esperaría ver mención de este elemento muy tradicional de la comunidad religiosa. En realidad solo hay una mención de *t'filín* (griego, *filacterias*) en el Nuevo Testamento, el cual se encuentra en las palabras de Yeshúa:

> Atan cargas pesadas y las ponen sobre la espalda de los demás, pero ellos mismos no están dispuestos a mover ni un dedo para levantarlas. Todo lo hacen para que la gente los vea: Usan [t'filín] grandes y adornan sus ropas con [tzitziyot] vistosas (Mateo 23:4-5).

El hecho que Yeshúa no estaba condenando abiertamente el uso de *t'filín* o de *tzitziyot* se ha mostrado en el capítulo anterior sobre las franjas. Como Yeshúa mismo ciertamente usó los *tzitziyot* (ver Mateo 9:20), él solo hablaba contra el *abuso* de esta costumbre otorgada por Dios. Lo mismo puede ser implicado con respecto al uso de t'filín. Si Yeshúa guardó perfectamente la Ley, se puede presumir que él también hubiera seguido esta costumbre. Sin embargo, cuando la confusión del hombre fue agregada a las costumbres de Dios, el Mesías intervino con el reproche apropiado.

Es importante notar que el Talmud también está de acuerdo que este sobre-énfasis en lo externo ciertamente se filtró a muchas costumbres bíblicas. Con respecto a *t'filín*, los rabinos relatan como algunas personas engrandaron sus cajas de cuero para cumplir con el versículo el cual dice que "todas las naciones de la tierra verán que el nombre del Señor es llamado sobre ti" (Deuteronomio 28:10, como es citado en el *Talmud Babilonio*, Berajot 6a). Es muy infortunado, pero muy humano, que una costumbre que fue diseñada para mantener la mente enfocada en Dios sea distorsionada para enfocar en el "yo." Parece que Yeshúa estaba cumpliendo la parte de la misión del Mesías—llamar al pueblo judío de nuevo a la verdad espiritual de la Torá.

Hay otra referencia importante en el Nuevo Testamento que recuerdan al creyente del simbolismo del *t'filín*. En el libro de Apocalipsis, *Yojanan* tuvo una visión profética que reveló muchos detalles con respecto a la segunda venida de Mesías Yeshúa. Escribió acerca del profeta falso porvenir:

> Además [el profeta falso] logró que a todos, grandes y pequeños, ricos y pobres, libres y esclavos, se les pusiera una marca en la mano derecha o en la frente, de modo que nadie pudiera comprar ni vender, a menos que llevara la marca, que es el nombre de la bestia o el número de ese nombre. En esto consiste la sabiduría: el que tenga entendimiento, calcule el número de la bestia, pues es número de un ser humano: seiscientos sesenta y seis (Apocalipsis 13:16-18).

El mensaje es más claro para el lector que comprende las costumbres bíblicas judías. En seguir la orden de usar *t'filín*, se le es recordado al judío que su mente (frente) y sus acciones (manos) serán dedicadas a la gloria de Dios. No es cualquier coincidencia que cuando venga el Mesías falso, él tratará de usurpar el mismo simbolismo para sus propias razones engañadoras. En vez de el nombre de Dios (*Shaday*, "Todopoderoso") mostrado por medio de los *t'filín*, se le requerirá al mundo ponerse el nombre del Mesías falso ("666") para comprar cualquier mercancía.

Las lecciones espirituales enseñadas por el uso adecuado de *t'filín* son profundas e abundantes. Mientras el Nuevo Testamento con frecuencia alude a las varias costumbres y tradiciones, invariablemente devuelve al creyente a la realidad espiritual. Las mentes de los creyentes en Yeshúa deberían ser protegidas con la Palabra de Dios pues son éstas las manos que harán la voluntad de Dios. La palabra griega filacterias se traduce con frecuencia como "guardar o proteger," el cual es consistente con los propósitos espirituales de *t'filín*. Como resumió Saulo:

> Por ese motivo padezco estos sufrimientos. Pero no me avergüenzo, porque sé en quién he creído, y estoy seguro de que tiene poder para guardar hasta aquel Día lo que le he confiado (2 Timoteo 1:12).

Dios ha prometido guardar los corazones y las vidas de los creyentes que caminan con él. Que cada creyente camine en las realidades espirituales aseguradas por medio de *t'filín*.

Una guía práctica para el uso práctico de T'filín

La costumbre de *t'filín* es basada sobre la Biblia y es espiritualmente abundante. Judíos mesiánicos y gentiles de pensamientos similares pueden escoger a usar *t'filín* si sienten que sería una bendición a sus vidas espirituales. Los detalles de cómo colocarse los *tefilín* no necesitan ser cambiado substancialmente para el creyente mesiánico. Mientras los creyentes no están vinculados por los detalles innumerables de los rabinos, muchas de las costumbres antiguas también tienen sentido para los creyentes de la Biblia. Los creyentes tienen la libertad en el Mesías para darle más significado a su entendimiento de esta costumbre antigua. Cualquiera sea la expresión, que todo creyente siempre cumpla con la intención de los *t'filín* de tener su mente y sus manos sirviendo al Mesías.

CONCLUSIÓN

La bendición de las costumbres

Es mi esperanza que este libro haya sido un estudio informativo, habiendo proveído los materiales para desarrollar un nuevo aprecio para las costumbres bíblicas/judías. Dios estableció estas costumbres para bendecir a su pueblo, tanto a los judíos como a los gentiles. Todos los creyentes en Yeshúa pueden ser beneficiados espiritualmente por la comprensión del propósito de Dios en cada una de estas *tradiciones*. Cualquiera sea el estilo de vida en el Señor, que cada creyente sea bendecido en obtener una nueva apreciación para las costumbre establecidas por Dios.

Si está interesado en comprender y/o observar las costumbres establecidas por Dios, casi todo libro, producto u otro artículo puede ser obtenido de librerías judías o de Recursos Judíos Mesiánicos Internacional, una división de la Fundación Lederer. Llamar al (800) 410-7367 para recibir un catalogo de los Recursos Judíos Mesiánicos o para ordenar productos. O puede hacer compras por medio del Internet en el sitio web http://www.MessianicJewish.net.

GLOSARIO

adam	hombre
adamá	polvo, tierra
Adonay Ejad	El Señor es uno
aliyot	ascensiones
amidá	18 bendiciones
baptidzo	una palabra griega que significa el inmergir totalmente
bar	hijo
Bar/Bat Mitzvá	Hijo/Hija del Mandamiento
baruj habá b'shem Adonay	bendito es él que viene en el nombre del SEÑOR
bat	hija
báyit	casa
ben	hijo
beit	casa
Beit HaMikdash	Templo Sagrado
bimá	púlpito, plataforma
birkat ha'mazón	bendición sobre la comida
b'rajá	bendición
b'ris	pacto (pronunciación askenazí)
b'rit	pacto (pronunciación sefardí)
b'rit milá	el pacto de la circuncisión
casher	apto para el uso, puro
cashrut	leyes dietéticas
Cohanim	Sacerdotes, los hijos de Aarón
drashá	sermón, enseñanza
erusin	compromiso
fleishig	productos cárneos

Guemara	comentarios sobre la Mishná
guet	decreto de divorcio
Gueyhinom	el Infierno
Haftará	sección leída de los Profetas
Halajá	ley tradicional
jalá	pan Sabático
jupá	dosel
késher	nudo
ketubá	contracto matrimonial
kidush	santificación, generalmente un vaso de vino para "apartar" una ocasión
kidushin	ceremonia de compromiso
kipá, -ot	solideo(s)
kisey shel Eliyahu	silla de Élias
kvater	padrino
kvaterin	madrina
Levi'im	los hijos de la tribu de Leví
mezuzá, -ot	jamba(s), una caja pequeña la cual contiene dos pasajes bíblicos escritos a mano (Deut 6:4-9 y Deut 11:13-21) en pergamino; la caja es fijada a las puertas de las casas
maftir	la persona que lee la Haftará y la sección final de la porción de la Torá; por lo tanto, la sección final de la porción de la Torá
masoret	aquello que es heredado de las generaciones antepasadas
mazal tov	felicitaciones
mevoraj	el que bendice
midrash	comentarios rabínicos sobre la Torá
mikisey l'yad ha'av	de la silla a la mano del padre
mikvé, -ot	piscina(s) especial construida para la inmersión ritual en agua
milchig	productos lácteos
Miryam	Miriam, Maria
Mishná	la Ley Oral en forma escrita, una codificación (temática) basada sobre la Torá (la Ley Escrita)

mitznefet	una mitra o una cobertura para la cabeza estilo turbante
mitzvá	mandamiento
mohel	persona que realiza circuncisiones religiosas
Moshé ben Maimón	Maimónides
nevelá	carne de animales que no han sido matados, un cadáver
Natzeret	Nazaret
nidá	apartado, separado
nesuin	matrimonio
oneg	celebración gozosa
oy vey	¡ay!
paradosis	una palabra griega que significa aquello que es heredado de las generaciones antepasadas
parve	neutral, la comida ni cárnea ni láctea
pidión ha'ben	el rescate del primogénito
Rosh HaShaná	el Año Nuevo Judío, la cabeza del año
Rúaj HaKódesh	El Espíritu Santo
sandak	persona que sostiene el niño durante la circuncisión
sandak shení	segundo Sandak
seder	orden (cena de la Pascua)
seudá mitzvá	comida del mandamiento
shabat	sabado
Shaday	Todopoderoso
shadján	casamentero
shajarit	servicios matutinos diarios
Shavuot	Pentecostés, La Fiesta de Semanas
shel rosh	tefilín para la cabeza, designado para la cabeza
shel yad	tefilín para la mano, designado para la mano
sheva b'rajot	siete bendiciones
shidujin	arreglos preliminares para el compromiso
Shim'on	Simeón, Simón
Shim'on Kefa	Simón Pedro

shjitá	proceso de matanza ritual
Shlomo ben Yitzjak	Rashí (rabino comentarista famoso)
Sh'ma	se refiere a Deuteronomio 6:4-6; Escucha (Israel)
shofar	cuerno de carnero
shojet	carnicero casher
Shomer daltot Yisrael	Guardia de las puertas de Israel
sidur, -im	libro de oraciones
simjá	ocasión gozosa
tahor	puro, casher
talis	manto de oraciones
talit katán	manto de oraciones pequeño
talit, -ot	manto(s) de oración
Talmud	masa codificada de pensamiento rabínico; la Mishná más la Guemara
tamé	impuro
tashlij	ceremonia de arrepentimiento que toma lugar en una masa de agua
tarefá	comida que viene de animales matados por bestias salvajes
t'filá	oración
t'filín	filacterias, cajas de cuero atadas a la frente y a la mano
t'jélet	tinte azul extractado del caracol marino mediterráneo, hilo azul en el manto de oraciones
t'vilá	inmergir totalmente
tzitzit, -yot	la franja(s) usada en las prendas de ropa
yarmulke	palabra en yídish que significa una cobertura para la cabeza
yeshu'á	salvación
Yeshúa HaMashíaj	Jesús el Mesías
Yojanan	Juan
Yom Kipur	Día del Perdón
Yosef	José
Z'jaryá	Zacarías

BIBLIOGRAFÍA

Birnbaum, Philip. *A Book of Jewish Concepts.* New York: Hebrew Publishing Company, 1975.

———, ed. *Maimonides Code of Law and Ethics: Mishneh Torah.* New York: Hebrew Publishing Company, 1974.

Buxbaum, Yitzhak. *Jewish Spiritual Practices.* Northvale: N.J. Jason Aronson Inc., 1994.

Central Conference of American Rabbis. *Rabbi's Manual* Philadelphia: Maurice Jacobs, Inc., 1961.

Cohen, A. *The Five Megilloth.* New York: Soncino Press, 1983.

Cohn, Haim. *The Trial and Death of Jesus.* New York: Ktav Publishing House, 1977.

Connolly, Peter. *Living in the Time of Jesus of Nazareth.* Tel Aviv: Steimatzky Ltd., 1988.

Davies, W.D. *Paul and Rabbinic Judaism.* Philadelphia: Fortress Press, 1980.

Donin, Hayim Halevy. *To Be a Jew.* New York: Basic Books, 1972.

Edersheim, Alfred. *The Life and Times of Jesus the Messiah.* Grand Rapids: Eerdmans Publishing, 1984.

———. *Sketches of Jewish Social Life in the Days of Christ.* Grand Rapids: Eerdmans Publishing, 1978.

Encyclopedia Judaica. Jerusalem: Keter Publishing House, 1972.

Epstein, Isidore, ed. *Hebrew-English Edition of the Babylonian Talmud.* London: The Soncino Press, 1960.

Fischer, John. *Messianic Services for the Festivals & Holy Days.* Palm Harbor, Fla.: Menorah Ministries, 1992.

Fischer, John, and David Bronstein. *Siddur for Messianic Jews.* Palm Harbor, Fla.: Menorah Ministries, 1988.

Flusser, David. *Jewish Sources in Early Christianity.* Tel Aviv: MOD Books, 1989.

Freedman, H., and Maurice Simon. *The Midrash Rabbah: Exodus Rabbah.* London: The Soncino Press, 1977.

Fruchtenbaum, Arnold. *Hebrew Christianity: Its Theology, History and Philosophy.* San Antonio: Ariel Press, 1983.

———. *Israelology: The Missing Link in Systematic Theology.* Tustin, Calif.: Ariel Ministries Press, 1993.

Goldberg, Louis. *Our Jewish Friends.* Neptune, N.J.: Loizeaux Brothers, 1984.

Gower, Ralph. *The New Manners and Customs of Bible Times.* Chicago: Moody, 1987.

Greenberg, Jeremiah. *Messianic Wedding Ceremony.* Tape. Odessa, Fla.: Messianic Liturgical Resources, 1995.

Hilton, Michael, and Gordian Marshall. *The Gospels & Rabbinic Judaism.* Hoboken, N.J.: Ktav Publishing House, 1988.

luster, Daniel. *Jewish Roots.* Gaithersburg, Md.: Davar, 1986.

Kasdan, Barney. *God's Appointed Times.* Baltimore: Lederer Messianic Publications, 1993.

Kesher—A Journal on Messianic Judaism 1 (July 1994).

Klausner, Joseph. Jesus *of Nazareth.* New York: Menorah Publishing Company, 1979.

Klein, Isaac. A *Guide to Jewish Religious Practice.* New York: The Jewish Theological Seminary Of America, 1979.

Lachs, Samuel Tobias. A *Rabbinic Commentary on the New Testament.* Hoboken, N.J.: Ktav Publishing House, 1987.

Lamm, Maurice. The Jewish Way in Death and Mourning. New York: Jonathan David Publishers, 1969.

Lash, Neil and Jamie. *The Jewish Wedding.* Tape. Fort Lauderdale: Love Song to the Messiah, 1990.

Neusner, Jacob, ed. *The Talmud of the Land of Israel* (Jerusalem Talmud]. Chicago: The University of Chicago Press, 1982.

Olitzky, Kerry and Ronald Isaacs. *The How to Handbook for Jewish Living.* Hoboken, N.J.: Ktav, 1993.

———. *The Second How to Handbook for Jewish Living.* Hoboken, N.J.: Ktav, 1996.

Patai, Raphael. *The Messiah Texts.* New York: Avon Books, 1979.